저학년부터 차곡차곡! 상식이 쌓이는 뉴스 읽기

하루 10분
초등 신문

2호

오현선 지음

서사원주니어

부모님께

　2024년 〈하루 10분 초등 신문〉 1호가 출간된 이후 많은 학부모님들의 후기를 들을 수 있었습니다. 평소 책은커녕 리플렛 한 장에도 관심이 없던 아이가, 불러도 모를 정도로 스스로 읽는 모습을 보여 주었다는 거예요. 그래서 아주 놀라웠다는 말씀이 가장 인상적이었습니다. 또 엄마에게 자꾸 읽어 달라고 해서 목이 쉴 것 같지만, 아이가 세상에 관심을 갖는 것이 신기해서 계속 읽어 주고 있다는 이야기까지. 듣기만 해도 기분 좋은 후일담이었어요. 어느 분은 아이보다 자신이 더 흥미진진하게 읽고 있다는 이야기도 전해 주셨지요.

　어린이와 매일 만나는 저는, 우리 아이들이 세상 이야기에 생각보다 관심이 많다는 것을 잘 알고 있어요. 그래서 새삼스러운 반응은 아니었지요. 하지만 막상 제가 만나지 못하는 아이들까지 이렇게까지 세상에 관심을 갖는다고 하니, 아주 보람되고 마음이 흡족합니다.

　특히 요즘은 언론이 많이 편향되어 있어 객관적으로 작성된 좋은 기사를 찾기 쉽지 않습니다. 가짜 뉴스가 넘쳐나고 있지요. 또 누군가는 그것을 너무 쉽게 퍼나르는 시대가 되어 가고 있어요. 그러다 보니 우리 아이들이 검증되지 않은 수많은 이슈와 정보의 홍수 속에 무방비 상태로 놓여 있다는 것이 안타깝습니다. 이런 상황에서 아이들이 새롭게 업데이트된 세상 소식을 안전하게 만나길 바라는 마음으로 이 책을 세상에 내놓게 되었습니다.

하나의 이슈를 그저 수다거리로만 받아들이지는 않았으면 해서 배경지식까지 꼼꼼히 담았습니다. 1호에서 다루지 못한 정치 기사도 담아, 어린이들이 좀 더 폭넓은 세상 이야기를 만날 수 있도록 신경 썼습니다. 또한 최신 뉴스에 대한 이해를 높이는 시사 어휘를 짚어 볼 수 있게 구성했습니다. 가족, 친구와 대화해 볼 수 있는 미니 논술 질문도 기사마다 실었지요. 늘 그렇지만 읽고 쓰고 생각하는 일은 세상 속에 놓인 자기 자신을 바르게 세우는 일입니다.

우리 친구들이 이 시리즈를 통해, 세상의 흐름에 눈을 뜨고, 관심을 갖게 된다면 더할 나위 없이 기쁘겠습니다. 1호부터 한권 한권 모아 가며, 변화해 가는 세상 뉴스에 귀 기울여 보기를 추천합니다.

어린이가 원한다면 기사를 한 편씩 소리 내어 읽어 주세요. 듣고 나서 질문하면 받아 주시고, 토론이 시작되면 자연스럽게 의견도 나누어 주세요. 더 궁금해 하는 것이 있으면 같이 찾아봐 주세요. 그것이 바로 학교 공부, 학원 공부만큼이나 중요한 세상 공부의 첫 시작이 될 거예요.

저자 오현선

이 책의 구성과 활용

부담없이 편하게 읽을 수 있는 쉽고 재미있는 기사가 100개! 기사별로 게임처럼 풀어 보는 활동도 100개! 처음 접하는 소재도 이해할 수 있게 기사 안에 배경지식을 녹여 내고, 낯선 용어는 문장 안에서 자연스럽게 안내했습니다.

활동 페이지는 기사를 잘 읽은 친구에게 주는 리워드처럼 활용하세요. 초성 퀴즈로 한 문장 요약하기, OX 퀴즈, 미니 논술 등으로 생각하는 힘을 키워 봅니다.

• 3단계로 난이도를 표시해요.

⭐⭐⭐ 초급　쉬워요.
⭐⭐⭐ 중급　보통이에요.
⭐⭐⭐ 고급　좀 어려워요.

• 기사의 분야에 O 하면서 확인해 보세요. 생각하는 분야가 더 있으면 표시하고, 읽은 날짜도 쓰세요.

• 시사 어휘의 뜻을 확인하고, 초성 퀴즈를 풀면서 기사의 내용을 한 문장으로 요약해요.

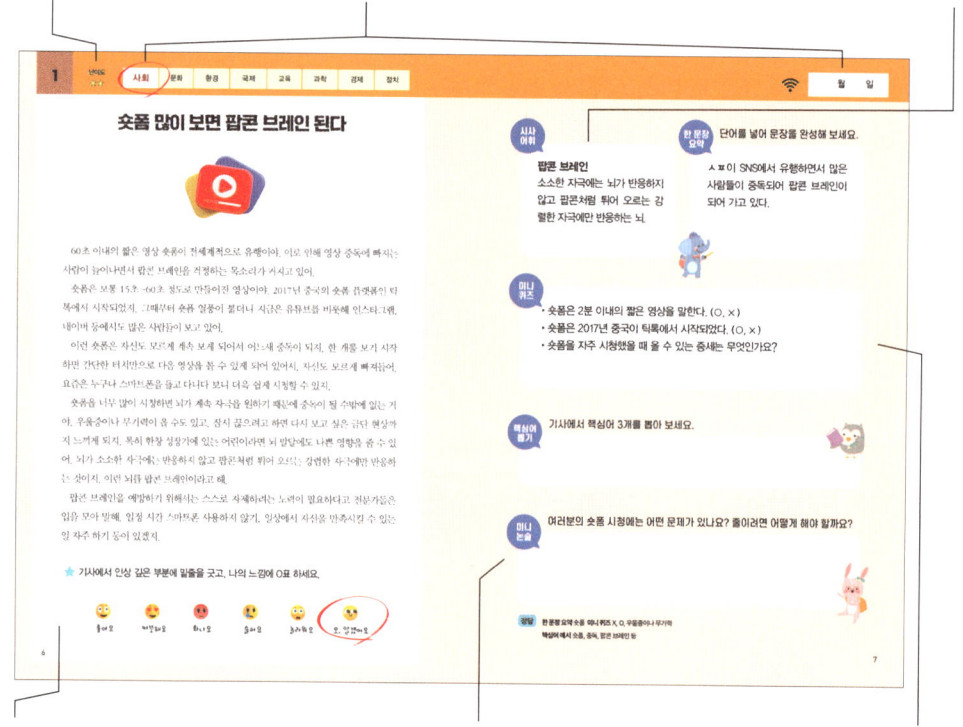

• 기사에서 인상 깊은 부분에 밑줄을 긋고, 나의 느낌에 O 하세요.

• 주제에 대한 내 생각을 말하거나 짧은 글로 써요.

• OX와 짧은 퀴즈의 답을 맞히고, 기사의 핵심어를 뽑아요.

1

사회·문화

- 숏폼 많이 보면 팝콘 브레인 된다
- 장애인을 위한 AI 돌봄 로봇
- 텍스트힙이 유행이야
- 유튜버들 실제 수입은 얼마일까?
- 치맥! 영국에서도 인기
- 식을 줄 모르는 K-팝 인기

숏폼 많이 보면 팝콘 브레인 된다

60초 이내의 짧은 영상, 숏폼이 전 세계적으로 유행이야. 이로 인해 영상 중독에 빠지는 사람이 늘어나면서 팝콘 브레인을 걱정하는 목소리가 커지고 있어.

숏폼은 보통 15초~60초 정도로 만들어진 영상이야. 2017년 중국의 숏폼 플랫폼인 틱톡에서 시작되었지. 그때부터 숏폼 열풍이 불더니 지금은 유튜브를 비롯해 인스타그램, 네이버 등에서도 많은 사람들이 보고 있어.

이런 숏폼은 자신도 모르게 계속 보게 되어서 어느새 중독되지. 한 개를 보기 시작하면 간단한 터치만으로 다음 영상을 볼 수 있게 되어 있어서, 자신도 모르게 빠져들어. 요즘은 누구나 스마트폰을 들고 다니다 보니 더욱 쉽게 시청할 수 있지.

숏폼을 너무 많이 시청하면 뇌가 계속 자극을 원하기 때문에, 중독이 될 수밖에 없을 거야. 우울증이나 무기력이 올 수도 있고, 잠시 끊으려고 하면 다시 보고 싶은 금단 현상까지 느끼게 되지. 특히 한창 성장기에 있는 어린이라면 뇌 발달에도 나쁜 영향을 줄 수 있어. 뇌가 소소한 자극에는 반응하지 않고 팝콘처럼 튀어 오르는 강렬한 자극에만 반응하는 거야. 이런 뇌를 팝콘 브레인이라고 해.

팝콘 브레인을 예방하기 위해서는 스스로 자제하려는 노력이 필요하다고 전문가들은 입을 모아 말해. 일정 시간 스마트폰 사용하지 않기, 일상에서 자신을 만족시킬 수 있는 일 자주 하기 등이 있겠지.

⭐ 기사에서 인상 깊은 부분에 밑줄을 긋고, 나의 느낌에 O표 하세요.

좋아요 　 따뜻해요 　 화나요 　 슬퍼요 　 놀라워요 　 오, 알겠어요

시사 어휘

팝콘 브레인
소소한 자극에는 반응하지 않고 팝콘처럼 튀어 오르는 강렬한 자극에만 반응하는 뇌.

한 문장 요약
 단어를 넣어 문장을 완성해 보세요.

ㅅㅍ이 SNS에서 유행하면서 많은 사람들이 중독되어 팝콘 브레인이 되어 가고 있다.

미니 퀴즈

- 숏폼은 5분 이내의 짧은 영상을 말한다. (O, ×)
- 숏폼은 2017년 중국의 틱톡에서 시작되었다. (O, ×)
- 숏폼을 자주 시청했을 때 올 수 있는 증세는 무엇인가요?

핵심어 뽑기

기사에서 핵심어 3개를 뽑아 보세요.

미니 논술

여러분의 숏폼 시청에는 어떤 문제가 있나요? 줄이려면 어떻게 해야 할까요?

정답 **한 문장 요약** 숏폼 **미니 퀴즈** X, O, 우울증이나 무기력
핵심어 예시 숏폼, 중독, 팝콘 브레인 등

반려동물에 연간 등록비?

　최근 반려동물을 키우는 사람들 다수가 반려동물 연간 등록비나 세금을 내는 것에 찬성한다는 조사 결과가 나왔어. 반려동물을 키우는 사람들 10명 중 7명이 연간 등록비나 세금 부과에 긍정적인 반응을 보였다고 해.

　이들은 반려동물 등록을 의무화 해야 한다고 말했어. 등록비로 내는 돈은 유기 동물 보호와 관리에 쓰여야 한다고 했어. 또, 반려동물로 인한 사회 문제, 예를 들어 동물 학대나 무책임한 파양을 줄이는 데 사용될 것으로 기대하는 마음도 컸어.

　실제로, 반려동물을 키우는 가구가 늘어나면서 유기 동물의 수도 증가하고 있어. 매년 수많은 동물들이 버려지고 보호소로 보내지는데, 보호소 공간이나 예산은 턱없이 부족한 상황이야. 이런 문제의 해결에 등록비나 세금을 통해 마련된 재원이 큰 도움이 될 수 있지. 많은 보호자들이 이 부분에 공감하는 거야.

　우리나라는 아직 반려동물에 대한 인식이 부족해. 반려동물을 돈으로 사고, 키우다가 파양하는 경우가 많아. 반려동물과 맞지 않거나 가정환경이 바뀌어 파양한다고 해. 많은 사람들이 이런 점을 문제로 지적해 왔지.

　이번 조사 결과는 반려동물을 소유물이 아니라 가족으로 여기는 인식이 커졌음을 보여줘. 사회의 책임과 의무에 대한 생각이 많이 성장한 거지. 앞으로 반려동물 연간 등록비나 세금 문제가 어떻게 될지 관심이 모이고 있어.

⭐ 기사에서 인상 깊은 부분에 밑줄을 긋고, 나의 느낌에 O표 하세요.

 좋아요　 따뜻해요　 화나요　 슬퍼요　 놀라워요　 오, 알겠어요

시사 어휘

유기 동물
사람이 기르다가 버려서 주인이 없는 동물.

한 문장 요약 단어를 넣어 문장을 완성해 보세요.

최근 반려동물 보호자 중 다수는 유기 동물 보호 및 사회 문제 해결을 위해 반려동물 연간 등록비나 ㅅㄱ 부과에 찬성했다.

미니 퀴즈

• 반려동물을 키우는 사람들의 절반 이상이 연간 등록비나 세금 부과에 긍정적인 반응을 보였다. (○, ×)
• 우리나라는 아직 인식이 부족하여 반려동물을 쉽게 돈으로 사고 키우다 파양하는 경우가 많다. (○, ×)
• 반려동물을 키우다 더 이상 키우지 않고 버리는 것을 무엇이라고 하나요?

핵심어 뽑기 기사에서 핵심어 3개를 뽑아 보세요.

미니 논술 반려동물에 연간 등록비나 세금을 내게 하는 것에 대해 어떻게 생각하나요?

서울에 싱크홀이 생기고 있어

요즘 서울에서 땅이 갑자기 꺼지는 싱크홀 사고가 자주 일어나고 있어. 사람들이 지나가던 길이 갑자기 뚫리거나, 주유소 바닥이 갈라지는 일까지 생기고 있지. 그래서 많은 시민들이 불안해 하고 있어.

서울 강동구에서도 아주 큰 싱크홀이 생겼어. 폭이 18미터나 되고, 깊이는 무려 20미터나 되는 커다란 구멍이 도로에 뚫린 거야. 구멍이 뚫린 도로 근처 주유소에는 금이 가고, 사람들은 여기가 정말 안전한 곳이 맞냐며 걱정했지.

서울시는 이런 사고에 대비해서 싱크홀 안전 지도를 만들었어. 그런데 놀랍게도 서울 전체 땅의 절반 정도가 위험 등급인 4등급이나 5등급에 해당한다고 해. 실제로 지난 몇 년간 서울에 생긴 싱크홀 132건 중 68%가 이런 위험 지역에서 발생했어. 많은 사람들이 다니는 길이나 집 근처에서 이런 사고가 생길 수 있다는 뜻이지.

싱크홀은 보통 지하 공간이 무너져 땅이 내려앉을 때 생겨. 특히 지하수가 빠져나가거나, 낡은 수도관이 터지거나, 지하 공사를 오래 하면 위험이 커져. 여의도에서는 지하보도를 만들던 중 싱크홀이 생겨서 작업자가 목숨을 잃는 사고가 있었어. 중랑구 신내동에서는 도로에 지름 40cm, 깊이 1m짜리 구멍이 생겨 주민들을 깜짝 놀라게 했지.

공사 현장에서는 지반 상태를 더 꼼꼼히 살펴보고, 오래된 수도관도 미리 점검하고 고쳐야 해. 시민들도 길바닥에 금이 가거나 땅이 꺼진 곳을 보면 바로 신고해야 해.

⭐ 기사에서 인상 깊은 부분에 밑줄을 긋고, 나의 느낌에 O표 하세요.

좋아요　　딸뜻해요　　화나요　　슬퍼요　　놀라워요　　오, 알겠어요

시사 어휘

싱크홀
지하에 공간이 생기거나 약해 진 땅이 무너져서 땅이 갑자기 꺼지는 현상.

 **한 문장 요약** 단어를 넣어 문장을 완성해 보세요.

서울에서 땅이 꺼지는 ㅅㅋㅎ 사 고가 자주 발생해 시민들의 불안이 커지고 있다.

 **미니 퀴즈**

• 싱크홀은 지하에 생긴 빈 공간이 무너지면서 생긴다. (○, ×)
• 서울에서 일어난 싱크홀은 대부분 위험 등급이 낮은 지역에서 발생했다. (○, ×)
• 싱크홀은 보통 어떤 이유로 생기나요?

 **핵심어 뽑기** 기사에서 핵심어 3개를 뽑아 보세요.

미니 논술 시민들은 도시 안전을 위해 어떤 역할을 할 수 있을까요?

황혼 육아 늘어나는데 지원은 부족

황혼 육아가 늘고 있어. 할머니, 할아버지가 손주들을 돌봐주는 것을 황혼 육아라고 해. 황혼 육아가 늘어나는 가장 큰 이유는, 부모가 모두 직장에 다니는 경우가 많아지면서 아이를 맡길 곳이 마땅치 않기 때문이야. 비싼 보육 시설이나 믿을 만한 사람을 찾기 어려울 때 가장 믿고 맡길 수 있는 존재가 바로 할머니, 할아버지거든.

황혼 육아는 늘어나는데 우리 사회의 지원은 아직 많이 부족해. 할머니, 할아버지들이 활발한 어린 손주들을 하루 종일 돌보고 쫓아다니려면 몸이 금방 지치고 아프기도 해. 허리나 무릎 통증을 호소하는 분들도 많고 만성 피로에 시달리기도 한대.

또한 손주들을 돌보느라 친구를 만나거나 취미 활동을 즐기는 등 개인 시간을 갖기 어렵지. 그래서 삶의 행복을 잃어버리는 것 같다고 느끼는 분들도 있어.

한편 해외 선진국(국민 삶의 수준이 높은 나라)에서는 조부모의 육아 부담을 사회가 함께 나누려는 제도를 이미 시행하고 있어. 스웨덴은 세계에서 처음으로 조부모가 손주를 돌보는 경우 월급을 받으며 쉴 수 있는 육아휴직을 쓸 수 있어. 영국은 조부모가 12살 미만의 손주를 돌보면 나라에서 받는 연금이 더 늘어난대.

이런 제도는 아이 돌보는 일이 개인의 일이 아니라 사회 전체를 성장하게 하는 일이라는 생각에서 가능해. 우리나라도 조금씩 움직임이 있어. 하지만 더 큰 노력과 관심이 필요해. 그래야 아이들도 잘 자라고 할머니, 할아버지의 행복도 지킬 수 있을 거야.

⭐ 기사에서 인상 깊은 부분에 밑줄을 긋고, 나의 느낌에 O표 하세요.

 좋아요　　 따뜻해요　　 화나요　　 슬퍼요　　 놀라워요　　 오, 알겠어요

시사 어휘

황혼 육아
나이 드신 할머니, 할아버지가 엄마, 아빠 대신 손주들을 돌보는 것.

한 문장 요약 단어를 넣어 문장을 완성해 보세요.

ㅁㅂㅇ 증가로 황혼 육아가 늘고 있지만 사회의 지원은 부족하다.

미니 퀴즈

• 황혼 육아는 할머니, 할아버지가 손주를 돌보는 것을 말한다. (O, ×)
• 영국은 조부모가 손주를 돌보면 연금을 깎는다. (O, ×)
• 스웨덴은 조부모가 손주를 돌보는 경우 어떤 휴직을 쓸 수 있게 했을까요?

핵심어 뽑기 기사에서 핵심어 3개를 뽑아 보세요.

미니 논술 황혼 육아를 돕기 위해 어떤 제도를 만들면 좋을까요?

정답 **한 문장 요약** 맞벌이 **미니 퀴즈** O, X, 육아휴직
핵심어 예시 황혼 육아, 육아휴직, 연금 등

스미싱과 스캠을 조심해

 스미싱 문자가 너무 많이 늘어나고 있어. 스미싱은 문자메시지(SMS)와 피싱(Phishing)을 합친 말이야. 스미싱은 스팸 문자를 한번에 많은 사람에게 보내서 스마트폰에 나쁜 앱을 깔도록 유도하는 일이야. 피싱은 사람들의 개인 정보를 빼내는 일이야. 이렇게 해서 돈이나 금품을 빼앗아가지.

 스캠은 다른 사람을 속여서 돈을 버는 나쁜 일을 말해. 주로 문자나 이메일, 전화를 통해 많이 이루어진다고 해. 투자하라는 홍보 문자, 공공기관이라며 속여 보내는 문자, 가짜 택배 발송 문자, 은행이라며 속이는 문자 등을 조심해야 해. 이런 문자의 공통점은 그 안에 인터넷으로 연결되는 URL(Uniform Resource Locator) 주소가 있다는 거야.

 문자를 받은 사람이 무심코 URL을 클릭하면 어느 특정 사이트로 연결이 돼. 디자인은 언뜻 정상적인 회사들의 사이트처럼 보이지만 사실 가짜로 만들어진 곳이 많아. 또 URL을 클릭하기만 해도 스마트폰에 나쁜 앱이 설치되어, 내 스마트폰을 사기꾼이 조종할 수도 있어. 또 스마트폰을 정상 작동하게 해 준다며 그 대가로 돈이나 값비싼 물건을 요구하는 랜섬웨어(Ransomware)의 피해를 당할 수도 있어.

 따라서 홍보 문자를 받으면 그 안에 있는 URL 주소를 함부로 클릭하지 말아야 해. 실수로 클릭했다가는 큰 손해를 입을 수 있기 때문이야. 스팸 문자 대부분이 스미싱이니 주의해야 해.

⭐ 기사에서 인상 깊은 부분에 밑줄을 긋고, 나의 느낌에 O표 하세요.

좋아요　　따뜻해요　　화나요　　슬퍼요　　놀라워요　　오, 알겠어요

시사 어휘

스미싱
스팸 문자를 한번에 많은 이에게 보내, 스마트폰에 나쁜 앱을 깔고 돈이나 금품을 빼앗아 가는 것.

 **한 문장 요약**
단어를 넣어 문장을 완성해 보세요.

스미싱과 스캠 범죄가 늘어나고 있는데 ㄹㅅㅇㅇ까지 당할 수 있으니 주의해야 한다.

 **미니 퀴즈**

• 스미싱, 스캠 범죄가 늘어나고 있다. (○, ×)
• 홍보 문자를 받으면 URL을 클릭해 내용을 확인해야 한다. (○, ×)
• 스미싱 문자의 공통점은 무엇인가요?

 **핵심어 뽑기**
기사에서 핵심어 3개를 뽑아 보세요.

 미니 논술
스미싱 문자로 사람들에게 피해를 주는 사람들에게 어떤 처벌을 해야 할까요?

정답 **한 문장 요약** 랜섬웨어 **미니 퀴즈** ○, X, URL 주소가 있다.
핵심어 예시 스미싱, 피싱, 스캠 등

장애인을 위한 AI 돌봄 로봇

서울의 한 지체장애인(신체 기능의 장애를 갖게 된 사람) 쉼터에서 새로운 AI 로봇을 들여왔어. 이 쉼터에서는 자율 주행 로봇 1대와 감정 소통이 가능한 휴머노이드 로봇 4대를 사용하기 시작했어. 이용자들과 복지사들이 이 로봇들을 매우 좋아한다고 해.

휴머노이드 로봇 '알파미니'는 사람처럼 보이는 작은 로봇으로, 이용자와 대화하고 음악을 틀어 주며 춤도 출 수 있어. "춤춰 봐.", "노래를 틀어 줘."라고 하면 춤도 추고 노래도 틀어 줘. 덕분에 쉼터 이용자들이 더 행복해 하고 웃을 일이 많아졌지.

자율 주행 로봇 '크루저'는 쉼터 입구에서 사람들을 맞이하고, 이동할 때 안내하고 운동을 가르쳐 주기도 해. 이 로봇은 쉼터에서 다양한 도움을 주어 이용하는 사람들의 인기가 높아.

아쉬운 것은 정부에서 장애인을 위한 돌봄 로봇 정책이 아직 없다는 거야. 현재 장애인 돌봄 로봇 지원 사업은 주로 산업통상자원부의 한국로봇산업진흥원에서 운영하고 있는데, 지원되는 로봇이 많지 않아. 올해는 단 15대만 지원되었고, 이 중 일부가 이곳에 들어온 거야. 돌봄 로봇의 의료 기능은 부족해. 의료 기능이 포함되면 법적 문제가 생길 수 있기 때문에 현재로서는 그렇게 할 수 없어.

전문가들은 돌봄 로봇이 장애인들에게 더 큰 도움이 되려면 나라에서 더 많은 노력을 기울여야 한다고 해. 앞으로 어떻게 로봇을 잘 활용할 수 있을지 고민이 필요해.

⭐ 기사에서 인상 깊은 부분에 밑줄을 긋고, 나의 느낌에 O표 하세요.

 좋아요   따뜻해요   화나요   슬퍼요   놀라워요   오, 알겠어요

시사 어휘

돌봄 로봇
사람에게 필요한 도움을 주고 외로움을 덜어 주며 생활을 편리하게 해 주는 로봇.

한 문장 요약 단어를 넣어 문장을 완성해 보세요.

서울의 한 지체ㅈㅇㅇ 쉼터에서 새로운 돌봄 로봇들이 이용자들의 만족도를 높이고 있다.

미니 퀴즈

- 쉼터에 새로 들어온 '알파미니' 로봇은 사람처럼 생겼으며 대화하고 춤을 출 수 있다. (O, ×)
- 정부에서 현재 장애인을 위한 돌봄 로봇 지원 사업을 아주 많이 하고 있다. (O, ×)
- 쉼터에 들어온 자율 주행 로봇의 이름은 무엇인가요?

핵심어 뽑기

기사에서 핵심어 3개를 뽑아 보세요.

미니 논술

돌봄 로봇이 있어야 한다고 생각하는 곳과 이유를 써요.

정답 **한 문장 요약** 장애인 **미니 퀴즈** O, X, 크루저
핵심어 예시 알파미니, 크루저, 돌봄 로봇 등

국민 5명 중 1명이 65세 이상

65세 이상 인구가 1천만 명을 넘어섰어. 65세 이상 고령 인구 비율이 20%를 넘는 초고령사회가 된 거야. 총인구 중 65세 이상 인구의 비율이 7% 이상일 때 고령화사회, 14% 이상일 때 고령사회, 20% 이상일 때 초고령사회로 분류해.

우리나라는 현재 인구가 5천만 명이 넘는데, 그중 65세 이상 남자가 400만 명 이상, 여자는 550만 명 이상이야. 여자가 남자보다 더 많지. 그리고 수도권(서울, 경기, 인천)보다 비수도권에 사는 노인 인구가 더 많아.

지역별로는 전라남도에 노인 인구가 가장 많아. 다음으로는 경북, 강원, 전북, 부산 순이라고 해. 노인 인구가 가장 적은 곳은 세종시야.

UN에서는 65세 이상을 노인이라고 분류해. 서양의 많은 선진국들은 20세기(1901년 1월 1일부터 2000년 12월 31일까지)를 전후로 이미 고령화사회로 들어섰어. 영국과 프랑스, 독일은 1970년대에 고령사회가 되었고, 일본은 1970년에 고령화사회, 1994년에 고령사회로 진입했어.

우리나라는 2000년에 고령화사회로 들어섰고, 2017년에는 고령사회에 들어섰어. 그리고, 이제 초고령사회가 된 거야. 노인 인구가 늘어나면 그만큼 복지제도(국민이 잘 살 수 있기 위한 사회 제도)도 보완이 되어야 해.

⭐ 기사에서 인상 깊은 부분에 밑줄을 긋고, 나의 느낌에 O표 하세요.

좋아요　　따뜻해요　　화나요　　슬퍼요　　놀라워요　　오, 알겠어요

시사 어휘

초고령사회
총인구 중 65세 이상 인구 비율이 20% 이상인 사회.

 **한 문장 요약** 단어를 넣어 문장을 완성해 보세요.

우리나라는 65세 이상 인구가 1천만 명을 넘어서 전체 인구의 20%를 차지하는 <u>ㅊㄱㄹ</u>사회에 진입했다.

 **미니 퀴즈**

- 우리나라는 65세 이상 인구가 전체 인구의 20%를 넘어서 초고령사회에 진입했다. (O, ×)
- 우리나라의 65세 이상 인구 중 남자가 여자보다 더 많다. (O, ×)
- 총인구 중 65세 이상 인구의 비율이 14% 이상인 사회를 무엇이라고 부르나요?

 **핵심어 뽑기** 기사에서 핵심어 3개를 뽑아 보세요.

미니 논술 어르신들이 건강하고 행복하게 지내려면 어떤 도움이 필요할까요?

정답 **한 문장 요약** 초고령 **미니 퀴즈** O, X, 고령사회
핵심어 예시 초고령사회, 고령화, 노인 인구 등

텍스트힙이 유행이야

　최근 Z세대(1997~2012년 사이에 태어난 세대) 사이에서는 텍스트힙이 유행이야. 이 용어는 '텍스트'와 '힙하다(멋지다)'가 합쳐진 말로, SNS에서 독서와 기록을 즐기는 것이 멋지다고 여기는 현상을 나타내.

　Z세대는 스마트폰을 많이 사용해. 주로 짧은 영상을 보거나 SNS를 많이 하지. 그래서 실제 책을 읽는 모습보다는 책 이미지, 책이 쌓인 모습을 찍어 올리는 경우가 많아. 이런 것을 좀 더 돋보이게 하려다 보니 책과 관련된 소품을 사기도 해. 그리고 헌책방에도 책을 읽기보다 책과 함께 있는 사진을 찍으러 오는 사람이 많다고 해.

　지금은 영상 콘텐츠가 넘쳐나고 있어. 사람들은 하루 중 많은 시간을 유튜브 영상을 보면서 지내. 그러다 보니 반대로 책을 읽는 일이 무척 매력적으로 느껴지는 거야. 이런 시대에 독서는 무척 지적으로 보이는 활동이야.

　문화체육관광부에서 조사를 했는데 2023년 한국인이 1인당 1년 동안 읽은 책은 1.7권이었다고 해. 전체적으로 독서하는 비율은 계속 줄어들고 있지.

　책을 읽기보다는 사진을 찍어 올리고, 책이 있는 곳에서 인증샷을 올리는 일이 보여 주기 위한 것일 수는 있어. 하지만 책과 함께 무언가를 한다는 것은 좋아 보여. 이런 텍스트힙 현상을 시작으로 Z세대가 책을 실제 사서 읽는 것까지 이어지기를 기대하고 있어.

⭐ 기사에서 인상 깊은 부분에 밑줄을 긋고, 나의 느낌에 O표 하세요.

 좋아요　　 따뜻해요　　 화나요　　 슬퍼요　　 놀라워요　　 오, 알겠어요

**시사
어휘**

텍스트힙
'텍스트'와 '힙하다'가 합쳐진 말
로 SNS에서 독서와 기록을 즐기
는 것이 멋지다고 여기는 현상.

 **한 문장
요약**   단어를 넣어 문장을 완성해 보세요.

Z세대 사이에서 독서를 직접 하기
보다는 SNS에 책 관련 사진을 올
리는 등 ㅌ ㅅ ㅌ ㅎ 이라는 유행이
생겨났다.

 **미니
퀴즈**

• '텍스트힙'은 독서와 기록을 즐기는 것이 멋지다고 생각하는 현상을 나타
  내는 말이다. (O, ×)
• 2023년 한국인이 1인당 1년 간 읽은 책의 수는 10권이 넘었다. (O, ×)
• Z세대가 사진을 찍기 위해 많이 방문하는 곳 중 하나는 어디인가요?

 **핵심어
뽑기**   기사에서 핵심어 3개를 뽑아 보세요.

 **미니
논술**   SNS에 책 사진을 올리는 것이 진짜 독서라고 볼 수 있을까요?

정답 **한 문장 요약** 텍스트힙 **미니 퀴즈** O, X, 헌책방
핵심어 예시 텍스트힙, Z세대, 독서 등

외국인 동료도 좋아

우리나라에서 일하는 외국인이 92만 명을 넘어섰다고 해. 그동안에 비해 가장 많은 숫자야. 외국에서 온 유학생이나 외국인 노동자 또는 짧은 기간 무언가를 배우기 위해 오는 외국인도 매년 늘고 있어. 앞으로는 더 많아질 것으로 보여.

직장인 대상으로 조사를 했는데, 이들은 앞으로 회사에 외국인 직원이 더 들어올 것으로 예상했다고 해. 주로 교육 업종, 건설 업종, 제조 업종(물건을 만드는 일)에서 일하는 직장인들이 그렇게 생각했어.

외국인 직원을 뽑는 회사가 많아지는 이유는, 다른 나라 사람들과의 교류가 활발하기 때문이라는 답이 많았어. 세계화 덕분이지. 우리나라 사람 중 노동 인구가 줄어드는 것도 이유야. 유학 왔다가 머물러 일하게 된 외국인도 꽤 있고, 전문적인 분야에서 일할 수 있는 외국인도 더 필요하기 때문이지.

또 많은 직장인이 외국인과 함께 일하는 것이 별로 싫지 않다고 답했어. 약 60%는 누구와 일하든 상관없다고 했지. 약 30%는 외국인과 일하는 것이 오히려 더 좋다고도 했어. 외국인과 일하면 다른 나라 문화를 배울 수 있고 새로운 방식으로 일할 수 있기 때문이라는 거야. 또 외국어 실력을 키울 수 있는 것도 이유로 들었어.

K-콘텐츠와 문화가 세계적으로 유명해지면서 우리나라에서 공부하거나 일하고 싶어 하는 외국인이 많아. 앞으로도 더 많아질 것으로 예상하고 있어.

⭐ 기사에서 인상 깊은 부분에 밑줄을 긋고, 나의 느낌에 O표 하세요.

좋아요 　　 따뜻해요 　　 화나요 　　 슬퍼요 　　 놀라워요 　　 오, 알겠어요

**시사
어휘**

외국인 노동자
자신의 나라가 아닌 다른 나라
에서 돈을 벌기 위해 일하는 사
람.

 **한 문장
요약** 단어를 넣어 문장을 완성해 보세요.

우리나라에서 일하는 ㅇㄱㅇ 수가
92만 명을 넘으며 역대 최고를 기
록했다.

 **미니
퀴즈**

• 우리나라에서 일하는 외국인 수는 역대 가장 많다. (○, ×)
• 우리나라 직장인의 대부분은 외국인과 함께 일하는 것을 싫어한다.
 (○, ×)
• 외국인과 일하는 것을 좋아하는 이유로 다른 나라 문화를 배울 수 있는 것
 외 어떤 점을 들었나요?

 **핵심어
뽑기** 기사에서 핵심어 3개를 뽑아 보세요.

**미니
논술** 외국인 노동자가 늘어나면 우리 사회에 어떤 장단점이 생길까요?

한강 작가, 노벨 문학상 수상

THE NOBEL PRIZE
IN LITERATURE 2024

　2024년 10월 10일, 한국 문학계에 역사적인 순간이 찾아왔어. 우리나라 작가 한강이 노벨 문학상을 받은 거야. 한강 작가는 노벨 문학상이 시작된 지 124년 만에 아시아 여성 작가로는 처음으로, 한국인 작가 중에서도 처음으로 이 상을 받게 되었어.

　스웨덴의 노벨 문학상 아카데미에서는 한강 작가의 뛰어난 이야기와 시처럼 아름다운 문장을 칭찬했어. 인류의 아픔, 우리 삶의 깊은 의미를 아주 섬세하면서도 강렬한 언어로 표현하고 있다고 했지. 한강 작가는 문학에서 다루는 범위를 넓혀 중요한 주제들을 빼어나게 그려 냈다고 했어.

　한강 작가의 이번 수상은 한국 문학이 전 세계로 뻗어 나가는 것을 보여 주는 아주 중요한 일이야. 한국문학번역원에서는 한강 작가의 작품이 그동안 여러 나라 말로 번역되어, 이미 많은 외국 독자들이 깊이 이해하고 있다고 해. 덕분에 이런 결과가 가능했던 것이라고도 했어.

　상을 받게 되었다는 소식을 들은 한강 작가는 울컥하는 마음이 있었다고 해. 우리 말로 쓴 문장이 다른 나라 독자에게도 닿았다는 것이 기적과도 같다고 말했어.

　노벨 문학상은 전 세계에서 가장 대단하고 권위 있는 문학상이야. 이번에 한강 작가가 상을 받으면서, 한강 작가의 책뿐만 아니라 한국 문학 전체에 대한 관심이 세계적으로 훨씬 더 커지고 있어.

⭐ 기사에서 인상 깊은 부분에 밑줄을 긋고, 나의 느낌에 O표 하세요.

좋아요

따뜻해요

화나요

슬퍼요

놀라워요

오, 알겠어요

시사 어휘

노벨 문학상
인류에게 큰 영향을 준 훌륭한 문학 작품을 쓴 작가에게 주는, 세계에서 가장 권위 있는 상.

 한 문장 요약 단어를 넣어 문장을 완성해 보세요.

2024년 10월 10일, 한강 작가가 섬세한 언어와 뛰어난 이야기로 한국인 최초이자 아시아 여성 최초로 ㄴㅂ 문학상을 받았다.

 **미니 퀴즈**

- 한강 작가는 노벨 문학상을 받은 첫 번째 한국인 작가이다. (O, ×)
- 노벨 문학상은 전 세계에서 가장 권위 있는 문학상이다. (O, ×)
- 노벨 문학상을 탄 우리나라 작가의 이름은 무엇인가요?

 **핵심어 뽑기**   기사에서 핵심어 3개를 뽑아 보세요.

미니 논술   한국 문학이 전 세계적으로 유명해지면 어떤 점이 좋을까요?

 정답 **한 문장 요약** 노벨 **미니 퀴즈** O, O, 한강
핵심어 예시 한강, 노벨 문학상, 아시아 여성 작가 등

듀프 제품의 인기

요즘 젊은 사람들 사이에서 듀프(dupe) 제품을 사는 게 하나의 문화처럼 자리잡았어. 듀프는 원래 '똑같이 베낀 물건'을 뜻하는데, 요즘에는 비싸고 유명한 브랜드 제품과 기능이나 디자인이 비슷하면서 가격은 훨씬 싼 물건을 말해.

유니클로의 '멀티 포켓 숄더백'은 30만 원이 넘는 일본의 유명 브랜드 가방과 디자인이 비슷해. 그런데 3만 원대에 살 수 있어서 엄청 인기를 끌었지. 다이소에서 파는 3,000원짜리 립밤은 비싼 샤넬 립밤과 비슷하다고 알려지면서 순식간에 다 팔려 버렸어.

외국에서도 듀프 제품은 인기가 많아. 월마트에서 나온 '월킨백'은 수천만 원짜리 에르메스 가방을 닮은 디자인으로, 나오자마자 다 팔렸어. 요가복 브랜드 CRZ는 값비싼 룰루레몬 요가복보다 훨씬 싸지만, 입었을 때 느낌이 비슷해서 주목받았어.

듀프 제품을 소개하는 영상도 SNS에서 쉽게 찾아볼 수 있어. '진짜' 명품이랑 '듀프' 제품을 옆에 놓고 뭐가 더 비슷한지 찾아보는 게 하나의 놀이처럼 여겨지기도 해. 젊은 세대는 이런 듀프 소비를 '똑똑한 소비', 가격 대비 성능이 좋은 '가성비 소비'라고 생각해.

듀프 제품이 좋은 것만은 아니라는 의견도 있어. 디자인이나 향, 색깔을 비슷하게 만들면, 원래 브랜드가 힘들게 만든 이미지나 가치를 떨어뜨린다는 거지. 전문가들은 아예 가짜 물건인 '위조품'과 확실하게 구분해야 한다고 해. 원래 브랜드를 이용해서 다른 회사가 돈을 버는 게 과연 공정한 경쟁인지에 대해서도 생각해 봐야 해.

⭐ 기사에서 인상 깊은 부분에 밑줄을 긋고, 나의 느낌에 O표 하세요.

 좋아요   따뜻해요   화나요   슬퍼요   놀라워요   오, 알겠어요

시사 어휘

듀프
비싸고 유명한 브랜드 제품과 비슷하지만 가격은 훨씬 저렴하게 나온 물건.

 한 문장 요약 단어를 넣어 문장을 완성해 보세요.

젊은 세대 사이에서 비싼 브랜드 제품과 비슷하지만 가격이 <u>ㅈㄹ</u>한 듀프 제품을 사는 문화가 퍼지고 있다.

 **미니 퀴즈**

• 듀프 제품은 비싼 브랜드 제품과 기능이나 디자인이 비슷하지만, 가격이 훨씬 저렴하다. (○, ×)
• 젊은 세대는 듀프 제품 소비를 '똑똑한 소비'나 '가성비 소비'라고 생각한다. (○, ×)
• 아예 가짜인 물건을 무엇이라고 하나요?

 **핵심어 뽑기** 기사에서 핵심어 3개를 뽑아 보세요.

 미니 논술 듀프 제품을 구입하는 것은 똑똑한 소비일까요?

정답 **한 문장 요약** 저렴 **미니 퀴즈** ○, ○, 위조품
핵심어 예시 듀프, 유명 브랜드, 똑똑한 소비 등

유튜버들 실제 수입은 얼마일까?

요즘 많은 초등학생이 유튜버가 되고 싶다고 해. 유튜버들이 큰돈을 번다고 생각하기 때문이야. 최근 한 조사에서는 유튜버가 초등학생들이 가장 좋아하는 직업 중 하나로 꼽히기도 했어. 하지만 실제 유튜버들의 세상은 생각과는 많이 다르다고 해.

2024년 기준으로 유튜버들의 평균 연봉은 약 2,900만 원 정도였어. 일반적인 연봉에 못 미치는 수준이야. 그런데 더 놀라운 사실은, 유튜버 절반 이상이 1년에 30만 원도 채 벌지 못했다는 거야. 많은 유튜버가 사실상 수입이 거의 없다는 뜻이지.

물론, 아주 소수의 성공적인 유튜버들은 엄청난 돈을 벌어. 상위 1%에 해당하는 유튜버들은 1년에 무려 8억 원이 넘는 돈을 벌기도 해. 하지만 대부분의 유튜버는 이런 수익을 기대하기 어려워. 게다가 이렇게 높은 수익을 올리는 유튜버 중 일부는 자극적이거나 논란이 될 만한 영상을 만들기도 해. 더 많은 조회 수를 얻고 돈을 벌기 위해서지.

유튜버는 영상에 붙는 광고 수익의 절반 이상을 가져가고, 시청자들이 유튜버에게 직접 주는 후원금도 받아. 그래서 유튜버 입장에서는 영상을 더 많이 만들어 시청자들이 많이 보게 하려고 다양한 노력을 하고 있어.

유튜버가 되는 꿈은 멋지지만, 실제로는 성공하기 어렵고 노력에 비해 돈을 벌지 못할 수 있다는 현실을 잘 이해하는 것이 중요해.

⭐ 기사에서 인상 깊은 부분에 밑줄을 긋고, 나의 느낌에 O표 하세요.

 좋아요   따뜻해요   화나요   슬퍼요   놀라워요   오, 알겠어요

시사 어휘

유튜버
유튜브에 동영상을 올리고 사람들과 소통하며 수익을 얻는 사람.

 **한 문장 요약** 단어를 넣어 문장을 완성해 보세요.

많은 초등학생들이 ㅇㅌㅂ를 선호하지만, 2024년 기준 유튜버의 평균 연봉은 낮고 소수만이 높은 수익을 얻는 등 현실은 쉽지 않다.

 **미니 퀴즈**

- 2024년 기준, 유튜버의 절반 이상은 1년에 30만 원도 벌지 못했다. (O, ×)
- 유튜버가 버는 돈은 영상에 붙는 광고 수익이나 시청자가 주는 후원금을 통해서다. (O, ×)
- 유튜버의 절반 이상은 1년에 어느 정도 수익을 올리나요?

 **핵심어 뽑기** 기사에서 핵심어 3개를 뽑아 보세요.

 미니 논술 초등학생이 유튜브 채널을 운영하는 것에 대해 어떻게 생각하나요?

정답 **한 문장 요약** 유튜버 **미니 퀴즈** O, O, 30만원
핵심어 예시 유튜버, 유튜버 연봉, 유튜버 성공 등

"다문화도 좋아요."

우리나라 성인들의 다문화를 대하는 태도가 좋아지고 있어. 다양한 문화적 배경을 가진 사람들을 이해하고 받아들이려는 '다문화 수용성'이 높아지고 있는 거지. 최근 우리나라에 사는 이주민과 만나거나 사회에서 교류하는 일이 잦아지고 있어. 그러다 보니 다문화에 대한 마음이 긍정적으로 바뀌고 있는 거야.

60대 이상의 어른들은 다문화를 받아들이는 마음이 아주 열린 것은 아니야. 하지만 20대의 마음은 개방되고 있다고 해. 또 고등학생보다는 중학생이 더 다문화에 대해 마음을 열고 있고.

현재 대한민국에는 다문화가정이 무척 많아. 한국인이 외국인과 결혼하거나 자녀를 낳아 이룬 가정을 다문화가정이라고 하는데, 2024년 기준으로 약 35만 가구야. 전체 인구의 약 2% 정도 되는 높은 수치야. 그런가 하면 우리나라에 등록된 외국인도 2024년 기준으로 220만 명이야. 전체 인구의 4.3%에 해당하니 역시 높은 편이지.

다문화인이 많아지면서 일할 사람이 늘고, 출산율 증가에도 좋은 영향을 주고 있어. 문화가 다양해지는 효과도 있지. 그러나 한편으로는 다문화가정의 아이들이 언어의 어려움을 겪기도 하고 교육을 못 받기도 해. 나라에서는 서로를 잘 이해하기 위해 교육을 확대하고 소통할 기회를 넓히겠다고 했어.

⭐ 기사에서 인상 깊은 부분에 밑줄을 긋고, 나의 느낌에 O표 하세요.

 좋아요   따뜻해요   화나요   슬퍼요   놀라워요   오, 알겠어요

시사 어휘

다문화 수용성
다양한 문화적 배경을 가진 사람들을 이해하고 받아들이려는 태도나 능력.

 **한 문장 요약** 단어를 넣어 문장을 완성해 보세요.

대한민국 성인들의 ㄷ ㅁ ㅎ 수용성이 높아지고 있으며, 나라에서는 소통의 기회를 더 넓히겠다고 했다.

 **미니 퀴즈**

• 다문화 수용성에 대한 변화가 미미하다. (○, ×)
• 다문화인이 많아지면서 노동력과 출산율 증가에 영향을 주고 있다. (○, ×)
• 앞으로 나라에서는 무엇을 하겠다고 했나요?

 **핵심어 뽑기** 기사에서 핵심어 3개를 뽑아 보세요.

 **미니 논술** 다문화 아이들이 교육을 받을 수 있도록 어떤 지원을 해야 할까요?

정답 **한 문장 요약** 다문화 **미니 퀴즈** X, ○, 교육을 확대하고 소통할 기회를 넓히겠다
핵심어 예시 다문화, 다문화 수용성, 다문화가정 등

31

대학 총장, 여성보다 남성이 훨씬 많아

우리나라 대학교의 총장(교장 역할을 하는 대학교의 기관장)에는 여성보다 남성이 오르는 경우가 훨씬 많아. 2024년 자료에 따르면 4년제 대학교 총장 100명 중 남성이 93명, 여성은 7명이었다고 해.

이렇게 여성이 높은 자리로 올라가기 어려운 까닭은 '유리 천장' 때문이라고 해. 유리 천장은 여성들이 더 높은 자리로 올라가려고 할 때, 그 위를 막고 있는 보이지 않는 천장을 말하는 거야. 유리처럼 보이지 않는 이 장벽 때문에 능력이 뛰어난 여성들도 높은 자리까지 오르지 못하는 경우가 많아.

우리나라뿐만 아니라 다른 나라에서도 예전부터 높은 자리는 주로 남자들이 맡아 왔지. 여자들은 결혼하고 아이를 낳으면 일을 그만두거나, 집안일을 남자보다 많이 해야 한다는 생각들이 있었거든. 하지만 요즘은 남녀 모두 공평하게 능력을 발휘하고 일해야 한다고 여기는 사람들이 많아졌어. 그런데도 아직 대학교 총장 같은 높은 자리에서 여성을 찾아보기가 힘들다는 건, 여전히 유리 천장이 존재한다는 것을 보여 줘.

이런 상황을 바꾸려면 더 많은 노력이 필요해. 여자 어른들이 차별받지 않고 능력을 마음껏 펼칠 수 있도록 도와줘야 해. 또 우리 모두가 성별에 상관없이 서로의 능력을 존중해야 해. 그래야 사회도 더 발전할 거야.

⭐ 기사에서 인상 깊은 부분에 밑줄을 긋고, 나의 느낌에 O표 하세요.

 좋아요　 따뜻해요　 화나요　 슬퍼요　 놀라워요　 오, 알겠어요

시사 어휘

유리 천장
여성이나 소수자가 높은 자리로 올라가지 못하도록 막는, 유리처럼 보이지 않는 천장.

한 문장 요약 단어를 넣어 문장을 완성해 보세요.

2024년 기준 4년제 대학 ㅊㅈ 중 여성이 7%에 불과한 것은, 여성의 고위직 진출을 가로막는 유리 천장이 여전히 존재함을 보여 준다.

미니 퀴즈

• 2024년 우리나라 4년제 대학교 총장 중 남성이 여성보다 더 많았다. (O, ×)
• 외국은 높은 자리에 여성도 많이 오른다. (O, ×)
• 여성이 높은 자리로 올라가지 못하게 막는 보이지 않는 장벽을 무엇이라고 부를까요?

핵심어 뽑기 기사에서 핵심어 3개를 뽑아 보세요.

미니 논술 우리 반 회장의 성별이 중요할까요? 남자, 여자 상관없이 해야 할까요?

MZ세대, 도덕적 리더를 원해

요즘 직장을 구하는 MZ세대(밀레니얼+Z세대, 즉 1980년생부터 2010년생까지)는 회사를 선택할 때 관리자나 임원의 도덕성을 매우 중요하게 생각해. 과거에는 높은 연봉이나 회사의 안정성을 가장 중요하게 여겼지만, 이제는 정직하고 윤리적인 리더 아래에서 일하고 싶어 하는 마음이 커졌다는 거야.

자신의 생각, 가치관과 어울리는 회사인지도 살펴본다고 해. 회사는 일하는 곳이지만, 그 일의 성격이 자신이 추구하는 방향과 맞아야 하는 것이지. 그렇지 않으면 스스로 성장할 수 없다고 생각하는 거야. 또한 일을 시키는 기준이 명확한지도 중요하다고 했어.

기업 문화 또한 중요하게 생각하고 있어. MZ세대는 상사의 눈치를 보지 않고 자유롭게 자신의 의견을 말할 수 있는 수평적인 분위기를 원해. 실력과 성과를 중심으로 평가받고, 직급이나 나이에 상관없이 서로 존중하며 소통하는 문화를 선호하지. 회식도 강요받기보다는 선택적으로 참여하고, 업무 외 시간을 침해받지 않으려고 해.

또한 일과 생활의 균형인 워라밸(일work, 생활life의 균형balance)도 중요해. 칼퇴근은 물론 유연 근무, 재택근무처럼 근무 시간이나 장소를 자유롭게 조절할 수 있는 회사를 선호하지. 단순히 일을 적게 하려는 것이 아니야. 효율적으로 일하고 남는 시간에는 자기 계발을 하며 개인적인 삶을 충실하게 살고 싶어 하는 거야. 이처럼 MZ세대는 직장을 돈 버는 곳을 넘어, 자신다운 삶을 살아가기 위해 중요한 공간으로 생각하고 있어.

⭐ 기사에서 인상 깊은 부분에 밑줄을 긋고, 나의 느낌에 O표 하세요.

 좋아요　 따뜻해요　 화나요　 슬퍼요　 놀라워요　 오, 알겠어요

시사 어휘

기업 문화
한 기업이나 조직이 가지고 있
는 독특한 가치관, 믿음, 규칙,
행동 양식 등.

 **한 문장 요약** 단어를 넣어 문장을 완성해 보세요.

MZ세대는 직장을 선택할 때 관리
자나 임원의 ㄷㄷㅅ과 개인의 가
치관을 중요하게 여긴다.

 **미니 퀴즈**

• MZ세대는 직장을 선택할 때 관리자나 임원의 도덕성을 중요하게 생각하
 지 않는다. (O, ×)
• MZ세대는 회사에서 일과 생활의 균형을 중요하게 생각한다. (O, ×)
• MZ세대가 회사를 선택할 때, 상사의 눈치를 보지 않고 자유롭게 의견을
 말할 수 있는 분위기를 무엇이라고 할까요?

 **핵심어 뽑기**

기사에서 핵심어 3개를 뽑아 보세요.

 미니 논술

여러분이 회사에 다닌다면 무엇을 가장 중요하게 생각할까요?

정답 **한 문장 요약** 도덕성 **미니 퀴즈** X, O, 수평적인 기업 문화
핵심어 예시 도덕적 리더, 기업 문화, 워라밸 등

대학생을 위한 천 원 매점

밥값에, 간식값에, 치솟는 물가에 대학생들이 힘들어. 그런 고민을 덜어 주기 위해 경기도에서 천 원 매점이 운영돼. 천 원 매점은 말 그대로 단돈 천 원에 다양한 간식과 생필품을 살 수 있는 곳이야. 시중에서 2~3천 원 하는 과자나 컵라면은 물론, 즉석밥, 참치캔 같은 먹을거리부터 샴푸, 클렌징폼 같은 생필품까지 3~5개 품목을 묶어 천 원에 살 수 있대. 시중보다 무려 90% 이상 할인된 가격이라고 하니, 학생들의 지갑 부담을 확실히 덜어 줄 수 있겠지?

천 원 매점은 그냥 생긴 게 아니야. 경기도가 2025년 3월부터 시작한 사회혁신플랫폼의 첫 번째 결과물이라는 점에서 더욱 의미 깊어. 사회혁신플랫폼은 우리 사회의 문제들을 함께 해결하기 위해, 경기도민과 기업이 아이디어를 내고 경기도가 정책으로 만들어 추진하는 멋진 방식이야.

매점을 이용하려면 학생증을 태그하는 간단한 인증 절차만 거치면 된대. 아직은 몇 개의 대학에서 시범적으로 시작하지만, 학생들의 반응이 좋으면 앞으로 더 많은 경기도 내 대학으로 확대될 예정이야.

경기도에서는 2023년부터 천 원 아침밥 사업도 했어. 대학생들이 천 원만 내고 아침 식사를 할 수 있도록 한 사업이었지. 천 원 매점에 이어 이런 사업을 하게 되었으니, 다른 지역에서도 관심이 모아지고 있어.

⭐ 기사에서 인상 깊은 부분에 밑줄을 긋고, 나의 느낌에 O표 하세요.

좋아요   따뜻해요   화나요   슬퍼요   놀라워요   오, 알겠어요

시사 어휘

천 원 매점
학교에서 학생들 부담을 덜기 위해 먹을거리나 생필품을 천 원에 판매하는 매점.

한 문장 요약　단어를 넣어 문장을 완성해 보세요.

경기도가 대학생들의 <u>ㅁㄱ</u> 부담을 덜어 주기 위해 천 원으로 간식과 생필품을 구매할 수 있는 천 원 매점을 시범 운영한다.

미니 퀴즈

• 천 원 매점은 일반 마트처럼 누구나 이용할 수 있다. (O, ×)
• 천 원 매점은 경기도가 2025년부터 처음 시작하는 사업이다. (O, ×)
• 천 원 매점처럼 사회의 문제들을 함께 해결하기 위해 경기도가 시작한 방식은 무엇일까요?

핵심어 뽑기　기사에서 핵심어 3개를 뽑아 보세요.

미니 논술　높은 물가로 힘들어 하는 대학생을 위해 무엇을 지원하면 좋을까요?

정답　**한 문장 요약** 물가　**미니 퀴즈** X, O, 사회혁신플랫폼
핵심어 예시 천 원 매점, 생필품, 아침밥 사업 등

국립중앙박물관, 외국인 관람객 늘어

2024년 상반기(1월~6월) 국립중앙박물관에 온 외국인 관람객이 무려 9만 명을 넘어섰다고 해. 지금까지의 기록 중 최고야. 코로나19 이전인 2019년에 비해 50% 이상이 늘어난 수치야.

K-컬처에 대한 관심이 세계적으로 높아지고 있는 만큼, 국립중앙박물관은 그에 맞는 전시를 늘리고 있어. 우리 전통 문화와 K-팝을 소재로 한 애니메이션 'K-팝 데몬 헌터스'의 인기 덕분에 외국인 관람객이 늘기도 했지. 국립중앙박물관은 외국 박물관과 서로 교류하기도 해. 그 덕분에 세계적으로 더 알려지고 있는 거야.

박물관에는 디지털 실감 콘텐츠도 있어서 많은 사람들이 좋아한다고 해. 예를 들어, 8m 높이의 LED 타워로 구현된 광개토대왕릉비, 60m 길이의 정조 화성 행차 파노라마 영상, 인공지능을 이용한 조선시대 초상화 제작 체험 등이 인기가 많아. 영어, 일본어, 중국어로 해설이 되다 보니 외국인 관람객들의 만족도가 높지.

국립중앙박물관은 전시관을 전체적으로 새롭게 꾸몄어. 외규장각 의궤를 전시하는 공간도 다시 만들어 공개했지. 외국인은 물론 우리나라 관람객 모두에게 인기가 높은 전시실이야. 이 공간은 조선 시대 문화에 대한 이해를 돕는 역할을 해. 앞으로도 더 많은 관람객들이 편리하고 흥미롭게 박물관을 즐기도록 개선해 나갈 것이라고 했어.

⭐ 기사에서 인상 깊은 부분에 밑줄을 긋고, 나의 느낌에 O표 하세요.

 좋아요　 따뜻해요　 화나요　 슬퍼요　 놀라워요　 오, 알겠어요

시사 어휘

K-컬처
한국(Korea)의 문화(Culture)를 뜻하는 말로, 해외에서 한류가 각광 받으면서 널리 쓰이고 있음.

한 문장 요약 　단어를 넣어 문장을 완성해 보세요.

2024년 상반기 ㄱㄹㅈㅇㅂㅁㄱ을 찾은 외국인 관람객 수가 역대 최고를 기록했다.

미니 퀴즈

- 국립중앙박물관은 외국인 관람객 수가 줄고 있는 추세이다. (○, ×)
- 박물관에서는 인공지능을 활용한 체험도 할 수 있다. (○, ×)
- 국립중앙박물관에 설치된 LED 타워는 어떤 유물을 보여 주고 있나요?

핵심어 뽑기 　기사에서 핵심어 3개를 뽑아 보세요.

미니 논술　외국인에게 우리 문화를 알리기 위해 박물관이 할 수 있는 일은 무엇일까요?

 정답　**한 문장 요약** 국립중앙박물관　**미니 퀴즈** X, O, 광개토대왕릉비
핵심어 예시 국립중앙박물관, 외국인 관람객, K-컬처 등

피겨스케이팅 선수 아사다 마오의 고백

일본 피겨스케이팅 선수, 아사다 마오가 14년 만에 힘들었던 시절에 대해 털어놓았어. 아사다 마오는 피겨스케이팅으로 한국의 김연아 선수와 경쟁했던 선수야.

아사다 마오는 15살 때가 가장 행복했다고 말했어. 그때는 피겨스케이팅이 정말 즐거웠고, 아무 걱정이 없었다고 해. 하지만 시간이 지나면서 스케이팅이 재미없어졌대. 18살 때 처음으로 힘든 시기가 찾아왔고, 그때부터 줄곧 1등을 해야 한다는 압박감에 시달렸어. 물론 스트레스가 아주 컸지.

2010년 밴쿠버 올림픽에서 아사다는 여자 선수로는 처음으로 트리플 악셀을 3번 뛰었어. 트리플 악셀은 공중에서 3번 돌고 착지하는 기술로, 피겨스케이팅에서 가장 어려운 점프 중 하나야. 매우 복잡하고 어려운 동작이지. 그때 아사다는 개인 최고 기록을 세웠지만, 김연아가 그 기록을 뛰어넘어 세계 기록을 세우며 금메달을 땄어. 그래서 아사다는 은메달에 머물렀지. 속상해서 많이 울기도 했대.

아사다는 김연아와 오랫동안 경쟁했어. 김연아가 성인 대회에서 뛰어난 성적을 내면서 두 사람은 자주 1등과 2등을 다퉜지. 아사다는 2014년 소치 올림픽에도 도전했지만 6위에 그쳤어. 그 뒤 일본 선수권 대회에서도 성적이 좋지 않아 2017년에 은퇴했어.

아사다 마오는 김연아를 훌륭한 선수라고 생각하고, 둘은 서로 경쟁하면서 함께 성장했다고 해. 아사다는 지금 지도자로 새롭게 출발했어.

⭐ 기사에서 인상 깊은 부분에 밑줄을 긋고, 나의 느낌에 O표 하세요.

좋아요　　따뜻해요　　화나요　　슬퍼요　　놀라워요　　오, 알겠어요

시사 어휘

피겨스케이팅
얼음 위에서 음악에 맞추어 점프, 회전, 스텝 등을 하며 연기하는 스포츠.

 **한 문장 요약**   단어를 넣어 문장을 완성해 보세요.

ㅇㅅㄷ ㅁㅇ는 어릴 적 즐겁게 시작한 피겨스케이팅에서 어느 순간 경쟁과 부담을 겪었다고 고백했다.

 **미니 퀴즈**

• 아사다 마오는 밴쿠버 올림픽에서 금메달을 받았다. (O, ×)
• 트리플 악셀은 피겨스케이팅에서 쉬운 점프 중 하나이다. (O, ×)
• 아사다 마오는 어떤 새로운 역할을 시작했나요?

 **핵심어 뽑기**   기사에서 핵심어 3개를 뽑아 보세요.

 미니 논술   어린 나이에 큰 기대를 받는 것에는 어떤 장점과 단점이 있을까요?

정답 **한 문장 요약** 아사다 마오 **미니 퀴즈** X, X, 지도자
핵심어 예시 아사다 마오, 피겨스케이팅, 김연아 등

태권도, 유네스코 인류무형문화유산 ?

전라북도의 우석대학교가 코리아 태권도 유네스코 추진단, 스포츠위원회와 업무 협약을 맺었어. 태권도를 발전시키고 가치를 높이기 위해서라고 해.

이번 협약으로 우석대는 태권도 학과를 중심으로, 코리아 태권도 유네스코 추진단과 여러 활동을 함께할 계획이야. 특히 태권도가 유네스코 인류무형문화유산으로 등재될 수 있도록 힘쓸 거라고 해. 태권도 활성화를 위한 지원도 마련할 거고, 둘은 서로 협력해서 태권도의 가치를 높이기 위한 틀도 만들겠다고 했어.

'인류무형문화유산'은 유네스코가 지정하는 문화유산의 한 종류야. 형태가 없는 전통문화, 표현, 기술 같은 걸 말해. 전통음악이나 무용, 지역 축제, 전통 노래 같은 것들이 포함되지.

이번 협약은 태권도를 세계에 알리고 그 가치를 높이기 위한, 중요한 출발점이야. 태권도가 단순한 스포츠를 넘어 대한민국을 대표하는 문화유산으로 자리 잡을 수 있도록 노력할 거야.

잘 알려져 있듯이, 태권도는 우리의 전통 무술이야. 발차기와 손 기술이 중심이지. 삼국 시대부터 전해져 오다가 현대에 이르렀고, 2000년 시드니 올림픽 때 정식 종목으로 채택되었어. 태권도는 단순한 무예나 스포츠가 아니라, 한국의 문화와 정신을 담은 소중한 무형유산으로 평가받고 있어.

⭐ 기사에서 인상 깊은 부분에 밑줄을 긋고, 나의 느낌에 O표 하세요.

 좋아요　 따뜻해요　 화나요　 슬퍼요　 놀라워요　 오, 알겠어요

시사 어휘

무형유산
형태가 없는 문화유산으로, 사람들의 지식, 기술, 전통, 공연, 축제 같은 것.

 **한 문장 요약** 단어를 넣어 문장을 완성해 보세요.

우석대학교가 태권도의 ㅇㄴㅅㅋ 인류무형문화유산 등재를 위해 본격적으로 협력 활동에 나섰다.

 **미니 퀴즈**

- 우석대학교는 태권도를 유네스코 인류무형문화유산으로 등재하기 위해 노력하고 있다. (○, ×)
- 태권도는 2012년 런던 올림픽부터 정식 종목으로 채택되었다. (○, ×)
- 태권도는 어느 올림픽부터 정식 종목으로 채택되었나요?

 **핵심어 뽑기** 기사에서 핵심어 3개를 뽑아 보세요.

 미니 논술 우리의 전통 무술을 세계에 알리기 위해 어떤 노력이 필요할까요?

정답 **한 문장 요약** 유네스코 **미니 퀴즈** ○, ×, 2000년 시드니 올림픽
핵심어 예시 태권도, 인류무형문화유산, 전통 무술 등

노키즈존, 노시니어존에 이어 노줌마존?

어느 헬스장에서 '아줌마 출입 금지'라는 안내문을 붙였어. '교양 있는 여성만 출입할 수 있다'는 말과 함께 '아줌마와 여자를 구별하는 법'이라는 글까지 써 붙였대.

헬스장 측은 평소 교양 없는 고객들 때문에 힘들었다고 해. 아줌마들이 오염된 옷을 한 가득 들고 와서 빨래를 하는 바람에, 수도세가 두 배로 나오기도 했대. 물을 틀어 놓은 채 떠들거나 다른 고객들을 흉보기도 해서, 어쩔 수 없이 이런 조치를 취했다고 해.

이 소식을 들은 누리꾼들 반응은 엇갈렸어. 헬스장이 얼마나 힘들었으면 그런 안내문을 붙였겠느냐며 이해한다는 반응도 있었지. 성별을 말하지 말고 그냥 '교양 없는 고객 출입 금지'라고 쓰는 게 더 낫지 않겠느냐는 의견도 있었어.

헬스장과 손님은 계약 관계이기 때문에 출입을 제한할 수는 있어. 하지만 성별로 편견을 갖게 하기보다는 잘못된 행동만 문제 삼는 게 옳다는 것이 전문가들의 조언이야.

요즘 우리 사회에는 노키즈존, 노시니어존, 노줌마존, 노튜브존처럼 누군가의 출입을 막는 곳이 계속 늘고 있어. 그중 노키즈존이 가장 먼저 생겨났는데, 2017년 국민권익위원회는 이것은 차별이라고 결론지었어. 어린이 출입을 일방적으로 금지하지 말라고 권고하기도 했지. 이런 출입 제한에 대해 찬반 의견은 끊이지 않고 있어. 서로 입장 차이가 있기 때문이지. 중요한 것은 서로를 배려하고 남에게 피해를 주지 않는 도덕성일 거야.

⭐ 기사에서 인상 깊은 부분에 밑줄을 긋고, 나의 느낌에 O표 하세요.

좋아요

따뜻해요

화나요

슬퍼요

놀라워요

오, 알겠어요

시사 어휘

노줌마존
'노(No) + 줌마(아줌마)'를 합친 말로, 일부 장소에서 중년 여성의 출입을 제한하려는 움직임.

 **한 문장 요약**   단어를 넣어 문장을 완성해 보세요.

한 헬스장에서 'ㅇㅈㅁ 출입 금지' 안내문을 붙이면서 노줌마존 논란이 일고 있다.

 **미니 퀴즈**

- 노키즈존은 2020년에 처음 등장한 출입 제한 방식이다. (○, ×)
- 전문가는 성별이 아닌 행동을 문제를 삼는 것이 더 바람직하다고 말했다. (○, ×)
- 헬스장에서 문제가 되었다고 언급된 행동은 무엇인가요?

 **핵심어 뽑기**   기사에서 핵심어 3개를 뽑아 보세요.

미니 논술   특정 사람을 출입 금지하는 것은 차별일까요, 정당한 선택일까요?

정답 **한 문장 요약** 아줌마 **미니 퀴즈** X, O, 공동시설에서 빨래, 물 낭비, 큰 소리로 대화
핵심어 예시 노줌마존, 국민권익위원회, 아줌마 출입 금지 등

치맥! 영국에서도 인기

우리나라 어른들의 인기 메뉴인 치맥, 즉 치킨과 맥주. 이제는 영국에서도 즐길 수 있게 되었어. 식품의약품안전처와 농림축산식품부는 삼계탕, 냉동 치킨, 만두 같은 닭고기 제품을 영국으로도 수출할 수 있게 되었다고 발표했어.

2023년 우리나라는 유럽연합(EU)에 닭고기 수출을 위한 절차를 마무리하고, 2024년 5월 처음으로 수출됐어. 그리고 2024년에는 영국 수출에 대해서도 합의를 마쳤지. 본격적인 수출 길이 열린 거야.

우리나라는 영국과 함께 수출 준비를 하나씩 해 나가고 있어. 냉동 치킨이나 만두 같은 다양한 닭고기 제품들이 영국으로 판매될 거야. 영국은 유럽에서 두 번째로 경제 규모가 큰 나라여서, K-푸드가 더 빠르게 퍼질 것으로 기대하고 있어.

영국인 중에는 한국 음식을 좋아하는 사람이 많아. '치맥'이라는 단어를 사전에 넣을 정도로, K-푸드에 대한 관심이 높지. 어떤 영국인이 운영하는 유튜브 채널에서 현지인들에게 치킨과 맥주를 먹어 보게 했대. 다들 정말 맛있다고 환호했어.

정부는 유럽연합과 영국으로의 수출 소식을 더 적극적으로 알릴 거야. 수출할 수 있는 나라도 더 찾아볼 거고. 그리고 우리 식품이 얼마나 안전하고 훌륭한지, 전 세계에 알리기 위해 계속 노력한다고 해.

⭐ 기사에서 인상 깊은 부분에 밑줄을 긋고, 나의 느낌에 O표 하세요.

 좋아요　 따뜻해요　 화나요　 슬퍼요　 놀라워요　 오, 알겠어요

시사 어휘

유럽연합(EU)
유럽 여러 나라가 모여 만든 경제와 정치 협력 조직.

 **한 문장 요약** 단어를 넣어 문장을 완성해 보세요.

우리나라의 삼계탕, 냉동 치킨, 만두 같은 닭고기 제품이 영국에도 수출되면서 K-ㅍㄷ의 세계 진출이 더욱 확대되고 있다.

 **미니 퀴즈**

• 우리나라는 2024년에 영국으로 닭고기 제품 수출 길이 열렸다. (O, ×)
• 영국은 유럽에서 경제 규모가 가장 큰 나라이다. (O, ×)
• 유럽연합에 수출된 우리 음식은 무엇무엇인가요?

 **핵심어 뽑기** 기사에서 핵심어 3개를 뽑아 보세요.

 미니 논술 외국에 음식을 수출할 때 가장 중요한 조건은 무엇일까요?

정답 **한 문장 요약** 푸드 **미니 퀴즈** O, X, 삼계탕, 냉동 치킨, 만두
핵심어 예시 치맥, 영국, 닭고기 수출 등

비디오게임 약간은 정신 건강에 좋아

비디오게임이 정신 건강에 좋은 영향을 줄 수 있다는 연구 결과가 발표됐어. 일본에서 연구했는데, 게임을 적당히 즐기면 스트레스도 줄어들고 마음의 만족도가 올라간대.

코로나19 팬데믹 때 게임이 사람에게 어떤 영향을 주는지 연구할 기회가 있었어. 도쿄의 한 대학 연구팀은 일정 게임을 하는 사람들이 그렇지 않은 사람보다 정신 건강이 더 좋았다고 해. 그런데 게임을 하루 3시간 이상 하면 오히려 효과가 줄어들었지. 결론적으로 하루 3시간 이하의 게임은 행복도에 좋은 영향을 준다는 거야. 2021년 옥스퍼드대학의 연구에서도 게임이 정신 건강에 도움이 될 수 있다고 나왔어.

어린이와 여성이 특정 게임을 하면 정신 건강이 좋았다고 해. 성인 남자도 특정 게임이 정신 건강에 도움이 되었다고 하지. 자녀가 없는 사람들이 자녀가 있는 사람보다 특정 게임을 통해 정신적으로 도움을 받았다고도 해.

그런데 2012년 프랑스 연구에서는 나쁜 게임은 오히려 스트레스를 더 높이고, 폭력적인 게임은 공격 행동을 부추길 수 있다고 했어. 세계보건기구(WHO)가 2019년, 게임이용장애를 국제 질병에 추가한 것도 같은 이유야. 비디오게임이 정신에 문제를 줄 수 있기 때문이지.

다만 연구는 보통 연구실에서 하기 때문에, 가정에서 하는 실제 게임 환경과는 달라. 또한 게임 종류, 게임하는 사람의 특징에 따라 결과가 다를 수 있다고 해.

⭐ 기사에서 인상 깊은 부분에 밑줄을 긋고, 나의 느낌에 O표 하세요.

 좋아요   따뜻해요   화나요   슬퍼요   놀라워요   오, 알겠어요

시사 어휘

세계보건기구(WHO)
전 세계 사람들의 건강을 지키기 위해 만들어진 국제 기구.

한 문장 요약　단어를 넣어 문장을 완성해 보세요.

ㅂㄷㅇ게임을 하루 3시간 이하로 즐기면 정신 건강에 긍정적인 영향을 줄 수 있다.

미니 퀴즈

- 세계보건기구는 2019년에 게임이용장애를 국제 질병으로 인정했다. (○, ×)
- 모든 게임은 정신 건강에 무조건 좋은 영향을 준다. (○, ×)
- 하루 몇 시간 이하로 게임을 할 때 정신 건강에 도움이 된다고 하나요?

핵심어 뽑기　기사에서 핵심어 3개를 뽑아 보세요.

미니 논술　게임은 해로운 것일까요, 적당히 하면 좋은 것일까요?

정답　**한 문장 요약** 비디오　**미니 퀴즈** O, X, 3시간
핵심어 예시 비디오게임, 정신 건강, 스트레스 등

포항 보경사 오층석탑, 보물로 지정

포항 보경사에 고려 시대에 만든 것으로 짐작되는 오층석탑이 있어. 이 보경사 오층석탑이 보물로 지정되었어. 국가유산청이 발표하고 보물 지정서를 전달했지.

이 탑은 높이 4.6m야. 네모난 기단 위에 탑의 몸돌인 탑신석을 5층으로 올렸어. 맨 위에는 지붕 역할을 하는 옥개석이 있고, 탑 꼭대기는 사발 모양의 돌로 장식되어 있어.

이 탑에 대한 설명은 사명대사 유정이 1588년에 지은 '내연산보경사금당탑기'에 적혀 있어. 1023년, 사찰에 탑이 없어 5층 탑을 만들었다고 해. 이 기록에 따르면 푸른빛을 띤 응회암, 즉 청석으로 탑을 조성했다고 해.

보경사 오층석탑은 탑의 몸체에 새겨진 문양이 독특한 것으로 유명해. 석탑의 1층 탑신석 정면에는 문 모양과 자물쇠, 문고리 조각이 매우 잘 보이게 표현되어 있어.

나라에서는 역사적, 예술적, 학문적으로 가치가 높은 것을 보물로 지정해. 눈에 보이는 유형의 문화유산들이 보물 후보에 오르지.

일제 강점기에는 조선 보물, 고적, 명승, 천연기념물 보존령에 따라 우리 문화유산이 보물로 지정되었어. 그리고 1955년, 정부에서는 일제 강점기에 지정되었던 419개의 보물을 국보로 바꾸었어. 보물에서 국보로 가치가 더 올라간 것이지. 2021년 기준 우리나라 보물은 2,000건이 넘어.

⭐ 기사에서 인상 깊은 부분에 밑줄을 긋고, 나의 느낌에 O표 하세요.

  좋아요   따뜻해요   화나요   슬퍼요   놀라워요   오, 알겠어요

시사 어휘

국가유산청
우리나라의 소중한 문화유산을 보호하고 관리하는 정부 기관.

 한 문장 요약 단어를 넣어 문장을 완성해 보세요.

고려 시대에 만들어진 것으로 추정되는 포항 보경사 오층석탑이 역사적 가치를 인정받아 <u>ㅂㅁ</u>로 지정되었다.

 **미니 퀴즈**

- 보경사 오층석탑은 네모난 기단 위에 5층의 탑신석이 올라간 구조이다. (O, ×)
- 보물은 주로 눈에 보이지 않는 무형의 문화유산을 뜻한다. (O, ×)
- 보경사 오층석탑의 몸돌에 새겨진 조각에는 무엇이 있나요?

 **핵심어 뽑기** 기사에서 핵심어 3개를 뽑아 보세요.

미니 논술 문화재를 보호하기 위해 우리가 할 수 있는 일은 무엇일까요?

 정답 **한 문장 요약** 보물 **미니 퀴즈** O, X, 자물쇠, 문고리
핵심어 예시 오층석탑, 국가유산청, 보물지정서 등

머릿 속 안개, '브레인포그'를 이겨 내자

최근 '브레인포그'를 겪고 있다고 호소하는 사람들이 부쩍 늘었어. 브레인포그는 마치 머릿속에 안개가 낀 것처럼 생각이 또렷하지 않고, 집중하기 어렵고, 기억력이 떨어지는 듯한 증상을 말해. 이것이 질병은 아니야. 여러 원인으로 뇌 기능이 일시적으로 저하되면서 나타나는 현상이지.

브레인포그를 이겨 내는 방법이 있어. 먼저, 규칙적인 생활 습관을 가지는 게 중요해. 하루 7~8시간의 충분하고 질 좋은 잠은 뇌가 회복하는 데 필수적이야. 잠들기 전 스마트폰 사용을 줄이는 게 좋겠지.

또한 뇌 건강에 좋은 영양소를 섭취하며 균형 잡힌 식사를 해야 해. 오메가-3 지방산이 풍부한 등푸른 생선, 견과류, 채소와 과일을 골고루 먹는 것이 좋아. 가공식품이나 단 음식은 줄여야 해. 규칙적인 유산소 운동도 큰 도움이 돼. 뇌로 가는 혈액량을 늘려 뇌 기능을 활성화해 주거든. 가벼운 산책이나 조깅도 추천되고 있어.

다음으로는 뇌 활동을 늘리고 스트레스를 잘 관리해야 해. 독서, 외국어 배우기, 퍼즐 맞추기, 악기 연주 같은 활동이 좋아. 스마트폰과 컴퓨터 사용을 줄이고, 주기적으로 쉬는 시간을 갖는 '디지털 디톡스'도 중요해. 그렇게 하면 눈과 뇌의 피로를 덜어 줄 수 있어.

브레인포그는 우리 뇌가 잠시 쉬어 가라고 보내는 신호야. 몸과 마음에 귀 기울이고 올바른 생활 습관을 실천해 봐. 머릿속 안개를 걷어 내고 개운한 하루를 맞이하는 거야.

⭐ 기사에서 인상 깊은 부분에 밑줄을 긋고, 나의 느낌에 O표 하세요.

 좋아요   따뜻해요   화나요   슬퍼요   놀라워요   오, 알겠어요

시사 어휘

브레인포그
머릿속에 안개가 낀 것처럼 생각이 또렷하지 않고, 집중하기 어렵고, 기억력이 떨어지는 듯한 증상.

 **한 문장 요약** 단어를 넣어 문장을 완성해 보세요.

최근 많은 사람이 겪는 브레인포그는 뇌 기능 저하로 나타나는 증상이며 규칙적인 운동 등 ㅅㅎ ㅅㄱ 개선을 통해 극복할 수 있다.

 **미니 퀴즈**

- 브레인포그는 머릿속에 안개가 낀 것처럼 집중하기 어려운 증상을 말한다. (O, ×)
- 브레인포그를 이겨 내려면 스마트폰 사용을 늘려야 한다. (O, ×)
- 스마트폰과 컴퓨터 사용을 줄이고 주기적으로 쉬는 시간을 갖는 것을 무엇이라고 하나요?

 **핵심어 뽑기** 기사에서 핵심어 3개를 뽑아 보세요.

미니 논술 머리를 맑게 하기 위해 꼭 해야 하는 일이 무엇이라고 생각하나요?

맛있는 그 과자, 뇌 건강을 위협해

일상에서 과자, 즉석식품, 햄 같은 가공육을 즐기는 사람이 많아. 이런 초가공식품을 자주 먹을수록 파킨슨병에 걸릴 위험이 높아진다는 충격적인 연구 결과가 나왔어. 맛있고 간편해서 즐겨 찾던 음식이 우리 뇌 건강을 위협할 수 있다는 경고인 거지.

초가공식품은 설탕, 소금, 지방이 많이 들어 있고, 맛과 모양을 좋게 하려고 여러 가지 첨가물을 넣은 음식을 말해. 예를 들면 탄산음료, 과자, 아이스크림, 라면, 소시지, 햄, 즉석 카레나 찌개 등이 여기에 속하지.

최근 한 연구팀은 초가공식품 속 첨가물이 우리의 장 건강을 해친다고 밝혔어. 장에는 우리 몸에 이로운 수많은 세균이 살고 있는데, 이런 첨가물들이 좋은 균을 파괴하면서 우리 몸의 균형이 깨지는 거야. 그러면 염증이 생기고, 이 염증이 뇌로 전달돼. 그 결과 도파민을 만드는 신경세포를 상하게 할 수 있고, 이때 나타나는 병이 파킨슨병이야.

파킨슨병에 걸리면 손이 떨리고, 몸이 뻣뻣해지며, 행동이 느려지는 증상이 생겨. 파킨슨병의 정확한 원인과 치료법은 아직 밝혀지지 않았어. 하지만 먹는 습관이 좋으면 이 병이 생길 위험이 줄어든다고 전문가들은 말하고 있어.

자연식품 위주로 먹는 것이 중요해. 신선한 채소와 과일, 통곡물, 등 푸른 생선, 견과류를 충분히 먹고, 물도 자주 마셔야 해. 당장 모든 초가공식품을 끊기는 어렵지. 하지만 오늘부터라도 조금씩 줄이면서 우리 몸과 뇌를 건강하게 지키려는 노력이 필요해.

⭐ 기사에서 인상 깊은 부분에 밑줄을 긋고, 나의 느낌에 O표 하세요.

 좋아요　 따뜻해요　 화나요　 슬퍼요　 놀라워요　 오, 알겠어요

시사 어휘

초가공식품
원재료를 여러 번 가공하고 설탕, 소금, 지방, 첨가물 등을 많이 넣어 만든 식품.

한 문장 요약

단어를 넣어 문장을 완성해 보세요.

초가공식품 섭취는 <u>ㅈ</u> 건강을 해쳐 뇌로 염증이 전달되어 파킨슨병을 일으킬 가능성이 있다.

미니 퀴즈

- 초가공식품은 설탕, 소금, 지방이 거의 들어 있지 않은 건강한 음식이다. (O, ×)
- 초가공식품 속 첨가물은 장 건강을 해쳐 파킨슨병 위험을 높일 수 있다고 한다. (O, ×)
- 파킨슨병은 몸의 어떤 세포가 파괴되면서 나타나는 병인가요?

핵심어 뽑기

기사에서 핵심어 3개를 뽑아 보세요.

미니 논술

어린이가 초가공식품을 줄이는 방법은 무엇일까요?

정답 **한 문장 요약** 장 **미니 퀴즈** X, O, 도파민을 만드는 신경세포
핵심어 예시 파킨슨병, 초가공식품, 신경세포 등

식을 줄 모르는 K-팝 인기

K-팝의 인기가 식을 줄 모르고 있어. 그룹 스트레이 키즈가 새 앨범을 냈는데 미국 빌보드 200에서 1위를 했어. 넷플릭스에서 유명한 영화 음악 앨범을 제치고 1위를 한 것이라 더 놀라운 결과야. 여러 차례 1등을 차지했던 방탄소년단보다 더 많은 횟수로 1등을 한 거라고 해. 발표한 앨범이 모두 1위를 한 것은 스트레이 키즈가 유일해.

스트레이 키즈 그룹이 자신들의 색을 지키며 성장한 것이 1위의 비결이라고 전문가들은 말해. 멤버들이 곡을 만드는 데 참여한 것, 외부 시선에 흔들리지 않은 것도 좋은 성과를 낼 수 있었던 비결이야. 꾸준한 활동으로 해외 팬덤을 꾸준히 늘려 왔는데, 이 결과로 팬덤이 많이 형성되었다는 것도 확인할 수 있었어.

K-팝은 한국에서 만든 신나는 음악, 멋진 춤, 화려한 영상이 함께 어우러진 대중음악을 말해. 노래만 부르는 게 아니라, 이야기 같은 노랫말에 맞춰 춤을 추고 팬들과 재밌게 소통하는 문화야. 방탄소년단, 블랙핑크, NCT 같은 그룹이 K-팝의 대표 주자야.

2023년에는 앨범 판매량이 줄면서 성장률이 주춤하기도 했어. 미국, 일본, 중국 모두 비슷한 상황이었지. 방탄소년단과 블랙핑크가 잠시 정체되고, 한 명의 팬이 앨범을 여러 장 사는 등의 팬덤 소비에 의지한 것도 사실이야. 다시금 열기가 불타오른 만큼 K-팝의 인기가 계속되길 많은 이들이 바라고 있어.

⭐ 기사에서 인상 깊은 부분에 밑줄을 긋고, 나의 느낌에 O표 하세요.

 좋아요    따뜻해요   화나요   슬퍼요   놀라워요    오, 알겠어요

시사 어휘

팬덤 소비
특정 인물이나 브랜드를 열정적으로 좋아하는 팬들이 그 대상과 관련된 상품이나 서비스를 적극적으로 구매하는 현상.

 **한 문장 요약** 단어를 넣어 문장을 완성해 보세요.

스트레이 키즈 그룹이 ㅂㅂㄷ 200에서 1위를 연달아 차지하며, K–팝의 인기가 식을 줄 모르고 있다.

 **미니 퀴즈**

• K–팝은 한국에서 만든 신나는 음악, 춤, 영상이 함께 어우러진 대중음악이다. (○, ×)
• K–팝의 성장은 팬 한 명이 앨범 여러 장을 구매하는 등의 팬덤 소비에 기대기도 했었다. (○, ×)
• 스트레이 키즈 그룹이 1위를 한 이유를 무엇으로 보고 있는지 한 가지만 써요.

 **핵심어 뽑기** 기사에서 핵심어 3개를 뽑아 보세요.

미니 논술 해외에서 K-팝 인기를 이어 가려면 어떻게 해야 할까요?

 정답 **한 문장 요약** 빌보드 **미니 퀴즈** ○, ○, 자신들의 색을 지키며 성장했다.
핵심어 예시 K-팝, 방탄소년단, 글로벌 스타 그룹 등

금강산, 유네스코 세계유산이 될까?

북한, 그러니까 조선민주주의인민공화국에는 금강산이라는 아주 멋진 산이 있어. 이 산은 계절마다 옷을 갈아입는 것처럼 모습이 계속 변해. 봄에는 금강산, 여름에는 봉래산, 가을에는 풍악산, 겨울에는 개골산이라고 불리며 아름다움을 자랑하지. 이 산에는 화강암 봉우리, 산골짜기, 절벽, 폭포, 그리고 아름다운 불교 사찰도 있어.

그런데 이 금강산이 곧 아주 특별한 이름을 갖게 될지도 몰라. 바로 유네스코 세계유산으로 뽑힐 준비를 하고 있거든. 유네스코라는 유엔 기관에서는, 전 세계에서 아주 중요하고 특별한 곳을 유네스코 세계유산으로 지정하고 있어. 금강산이 그 특별한 곳 중 하나가 될 거라고 해. 프랑스 파리에서 열리는 회의에서 최종 결정이 난대.

북한이 금강산을 유네스코 세계유산으로 신청한 지 여러 해가 됐어. 자연유산과 문화유산을 합친 '복합유산'으로 신청했다고 해. 금강산은 아름다운 자연과 오랜 역사 이야기가 함께 있는 곳이기 때문이야.

만약 금강산이 유네스코 세계유산이 되면, 북한은 고구려 고분군, 개성 역사 유적지구에 이어서 세 번째로 세계유산을 갖게 되는 거야.

우리 민족에게 아주 소중한 금강산이 전 세계 사람들에게 그 가치를 인정받게 된다니, 정말 자랑스러운 일이야. 어서 빨리 금강산이 세계유산으로 확정되었으면 좋겠어. 그래서 더 많은 사람들이 금강산의 아름다움을 알게 되고, 아끼고 사랑해 줬으면 해.

⭐ 기사에서 인상 깊은 부분에 밑줄을 긋고, 나의 느낌에 O표 하세요.

좋아요   따뜻해요   화나요   슬퍼요   놀라워요   오, 알겠어요

시사 어휘

복합유산
자연유산과 문화유산의 특성을
동시에 갖추고 있는 세계유산.

 **한 문장 요약** 단어를 넣어 문장을 완성해 보세요.

ㄱㄱㅅ이 유네스코 세계유산으로
등재될 가능성이 높아지고 있다.

 **미니 퀴즈**

- 금강산은 여름에만 모습이 변하는 산이다. (○, ×)
- 금강산은 유네스코에 문화유산과 자연유산을 합친 '복합유산'으로 신청되었다. (○, ×)
- 금강산이 유네스코 세계유산이 되면 북한에서 몇 번째 세계유산이 되는 걸까요?

 **핵심어 뽑기** 기사에서 핵심어 3개를 뽑아 보세요.

 미니 논술 금강산의 유네스코 세계유산 지정이 우리에게 주는 의미는 무엇일까요?

정답 **한 문장 요약** 금강산 **미니 퀴즈** ×, ○, 세 번째
핵심어 예시 북한, 금강산, 유네스코 세계유산 등

읽은 기사 중 인상 깊은 하나를 골라
아래의 내용을 채워 보세요.

년   월   일

기사 제목 :

- 어떤 일이 일어났나요?
  (무엇에 대한 기사인가요?)

- 조금 더 자세히
  설명해요.

- 결국 이 기사가 하려는
  이야기는 무엇인가요?

- 흥미롭거나 인상 깊은
  내용은 무엇인가요?

- 기사를 읽고 생각난
  개인적인 경험은
  무엇인가요?

- 기사에 대한
  여러분의 소감 또는
  의견, 생각을 써요.

2

환경·국제

물에 잠기는 투발루, 떠나는 사람들

　태평양의 작은 섬나라 투발루가 지금 걱정에 빠졌어. 지구온난화 때문에 바닷물 높이, 즉 해수면이 점점 올라가고 있기 때문이야. 투발루는 약 30년 전부터 해수면 상승으로 조금씩 가라앉기 시작했어. 해수면은 매년 5mm씩 오르고 있고, 상승 속도가 점점 빨라지고 있어. 이대로라면 2050년쯤에는 투발루 땅이 거의 물에 잠길 수 있다고 해.

　그래서 요즘 투발루에서는 나라를 떠나려는 사람이 많아. 실제로 국민 3분의 1 이상이 호주 비자를 신청했다고 해. 이 비자는 기후변화 때문에 고향을 떠나야 하는 사람들을 위한 특별한 비자야. 호주는 매년 280명에게 비자를 줄 계획이고, 2024년 6월에 첫 신청이 시작되었어. 비자를 받으면 호주에서 살면서 학교에 다니고 병원도 갈 수 있어.

　하지만 나라를 떠나는 게 좋은 것은 아니야. 친구, 가족, 그리고 고향을 뒤로 해야 하니까. 투발루는 나라가 사라질까 봐 무섭다며 두 손 놓고 있지만은 않아. 자신의 문화를 다른 나라에서도 꼭 지켜 내겠다는 다짐하는 사람도 많지. 투발루 정부는 나라를 지키려고 바닷가에 방벽을 세우고, 나라 모습을 디지털 공간에 남기는 프로젝트를 하고 있어. 만약 물에 잠기더라도 사람들이 투발루라는 나라를 잊지 않도록 하기 위해서야.

　투발루 말고도 해수면이 올라가고 침수 위험에 처한 나라는 많아. 몰디브, 키리바시, 마셜제도 같은 남태평양의 섬나라들이 대표적이지. 또 해수면 낮은 곳이 많은 방글라데시, 지반이 내려앉은 인도네시아 수도 자카르타 같은 대도시들도 침수 위기에 처해 있어.

⭐ 기사에서 인상 깊은 부분에 밑줄을 긋고, 나의 느낌에 O표 하세요.

좋아요　　딸뜻해요　　화나요　　슬퍼요　　놀라워요　　오, 알겠어요

시사 어휘

해수면 상승
바닷물의 높이가 점점 높아지는 현상.

 한 문장 요약 단어를 넣어 문장을 완성해 보세요.

지구 ㅇ ㄴ ㅎ 로 해수면이 상승하면서 태평양의 섬나라 투발루가 물에 잠길 위기에 처했다.

 **미니 퀴즈**

• 투발루는 해수면이 낮아져서 침수 위험에 처해 있다. (○, ×)
• 호주는 기후변화로 고향을 떠나는 투발루 사람들을 위해 특별 비자를 제공하고 있다. (○, ×)
• 기후변화로 인해 침수 위기에 처한 남태평양의 섬나라는 어디인가요?

 **핵심어 뽑기** 기사에서 핵심어 3개를 뽑아 보세요.

미니 논술 고향이 사라진다면 문화를 어떻게 지켜야 할까요?

 정답 **한 문장 요약** 온난화 **미니 퀴즈** X, O, 투발루
핵심어 예시 투발루, 해수면, 지구온난화 등

지구를 살리는 어스 아워

매년 3월 마지막 주 토요일은 전 세계가 한 시간 동안 불을 끄는 특별한 날이야. 이 시간을 '어스 아워(Earth Hour)'라고 불러. 어스 아워는 지구를 지키기 위해 사람들이 함께 실천하는 캠페인이지.

이 캠페인은 세계자연기금(WWF)이 주관해. 이날에는 세계 곳곳에서 사람들이 불을 끄고, 지구 환경에 대해 생각하는 시간을 가져. 우리나라 국회의사당이나 숭례문 같은 주요 건물들이 불을 꺼. 프랑스의 에펠탑, 호주의 오페라하우스 같은 건물들도 참여하지.

지금 지구는 심각한 위기에 처해 있어. 북극의 얼음이 녹으면서 한반도로 차가운 공기가 들어와. 그래서 겨울에 강추위가 발생하기도 해. 지구의 평균 기온은 산업화 이전보다 1.1도 상승했어. 이 때문에 폭염, 폭설, 홍수 같은 이상기후가 자주 일어나고, 야생동물 수도 점점 줄고 있어. 생물이 다양하지 않으면 멸종 위험이 높아지고, 우리가 먹는 식량과 마시는 물에도 나쁜 영향을 줄 수 있어.

전문가들은 지구의 온도가 1.5도 이상 오르지 않도록 7년 안에 행동해야 한다고 경고해. 이 시기를 지나면 지구가 스스로 회복하기 어려워질 수 있어.

세계자연기금은 '네이처 포지티브(Nature-Positive)'라는 목표를 세웠어. 2030년까지 자연을 더 이상 훼손하지 않고, 생물 다양성을 회복하겠다는 뜻이야. 많은 사람이 어스 아워에 참여하면서, 환경의 소중함을 되새겼으면 좋겠어.

⭐ 기사에서 인상 깊은 부분에 밑줄을 긋고, 나의 느낌에 O표 하세요.

 좋아요　　 따뜻해요　　 화나요　　 슬퍼요　　 놀라워요　　 오, 알겠어요

시사 어휘

어스 아워
지구온난화와 기후변화의 심각성을 알리고 환경보호를 위해 전 세계가 한 시간 동안 불을 끄는 캠페인.

 **한 문장 요약** 단어를 넣어 문장을 완성해 보세요.

매년 3월 마지막 주 토요일에는 기후 위기 등에 대응하기 위해 ㅇㅅ ㅇㅇ 캠페인을 하고 있다.

 **미니 퀴즈**

• 어스 아워는 1년 중 아무 때나 한 시간 동안 불을 끄는 캠페인이다.
 (○, ×)
• 지구 온도가 1.5도 이상 오르면 지구의 회복이 어려워질 수 있다고 전문가들이 경고하고 있다. (○, ×)
• 어스 아워 캠페인을 주관하는 단체는 어디인가요?

 **핵심어 뽑기** 기사에서 핵심어 3개를 뽑아 보세요.

미니 논술 어스 아워 캠페인이 실제로 지구 환경 보호에 어떤 도움이 될 수 있을까요?

기후변화로 식량 인플레이션 지속

기후변화 때문에 농작물 수확량이 줄고 있어. 극심한 가뭄이나 폭염 같은 이상기후가 자주 생겨서 그래. 그래서 밥상에 오르는 음식값도 자꾸 오를 수밖에 없어.

해외 언론에서는 앞으로 10년 안에 식량 가격이 연간 최대 3.2%씩 오를 수도 있다고 했어. 이렇게 되면 2035년까지 전 세계의 연간 물가 상승률은 최대 1.18% 높아지게 되는 거야. 밀, 팜유, 설탕, 돼지고기 같은 여러 가지 식재료 값이 다 오르고 있어. 예전에는 식품 가격이 오르는 식량 인플레이션을 일시적인 현상으로 여겼는데, 이제는 그렇지 않다고 전문가들이 말하고 있어.

식량 가격이 오르는 가장 큰 이유는 기후변화야. 미국의 한 연구팀에서는 1981년에는 100년에 한 번 있을까 말까 했던 폭염이, 최근 미국 중서부에서는 6년마다, 중국 북동부에서는 16년마다 발생할 것으로 예상하고 있어.

이렇게 더워지면 쌀, 대두, 옥수수, 감자 같은 작물 수확도 크게 줄어들 수밖에 없어. 예를 들어, 파키스탄은 2022년에 큰 홍수가 나서 논이 엉망이 되고, 쌀 수확량이 크게 떨어졌어. 엘니뇨 현상으로 설탕, 커피, 코코아 수확도 많이 줄었어.

전 세계적으로 식품 가격이 오르면 피해는 가난한 나라에 더 갈 수밖에 없어. 식품 가격이 오르면 부유한 나라는 다른 나라에서 수입해 올 수 있지만, 가난한 나라는 그럴 수 없으니까 말이야.

⭐ 기사에서 인상 깊은 부분에 밑줄을 긋고, 나의 느낌에 O표 하세요.

좋아요　　따뜻해요　　화나요　　슬퍼요　　놀라워요　　오, 알겠어요

시사 어휘

식량 인플레이션
경제학에서 사용되는 개념으로, 식량 및 농산물 가격이 상승하는 것을 이르는 말.

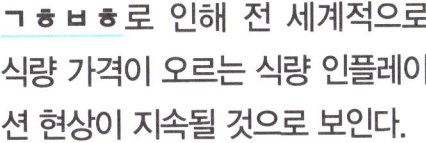 **한 문장 요약** 단어를 넣어 문장을 완성해 보세요.

ㄱㅎㅂㅎ로 인해 전 세계적으로 식량 가격이 오르는 식량 인플레이션 현상이 지속될 것으로 보인다.

 **미니 퀴즈**

• 기후변화로 인한 식품 가격 상승은 일시적인 현상으로 분석되고 있다. (O, ×)

• 해외 언론은 앞으로 10년 이내 식량 가격이 연간 최대 3.2%씩 높아질 수 있다고 보도했다. (O, ×)

• 2022년 대홍수로 논에 큰 피해를 입은 나라는 어디인가요?

 **핵심어 뽑기**   기사에서 핵심어 3개를 뽑아 보세요.

미니 논술   기후변화로 인한 식량 가격 상승이 우리 생활에 어떤 영향을 미칠까요?

 정답 **한 문장 요약** 기후변화 **미니 퀴즈** X, O, 파키스탄
핵심어 예시 기후변화, 식량 인플레이션, 물가 상승률 등

티베트 빙하의 절반이 녹는다고?

중국 과학자들이 놀라운 사실을 발표했어. 21세기 말까지 티베트고원의 빙하가 절반 이상 녹을 수 있다는 내용이야. '세계의 지붕'이라고 불리는 티베트고원은 높은 산이 많은 지역이야. 중국의 양쯔강과 황허강, 그리고 인도의 갠지스강, 매콩강 등 큰 강들이 시작되는 곳이기도 해. 그래서 '아시아의 급수탑'이라고도 불리지.

지금 티베트고원의 기후는 매우 따뜻해지고 있고, 습도도 높아지고 있어. 그러다 보니 빙하가 자연스럽게 녹을 수밖에 없지. 호수의 수위도 크게 올라갈 거라고 걱정하고 있어. 실제로 1960년부터 2010년까지 이 지역의 기온은 10년마다 약 0.4도씩 올라갔다고 해. 이는 지구온난화 속도보다도 더 빠른 거야.

결국 중국에서는 2050년까지 티베트고원의 빙하 중 약 40%가 줄어들 수 있다고 했어. 빙하가 녹으면 하류 지역에는 폭풍과 홍수 위험도 높아져.

또한 최근 15년 동안 티베트고원에는 숲과 초원이 점점 늘어나고 있어. 숲이 많아지면 사막화를 막을 수는 있지. 하지만 긴 시간을 두고 보면 오히려 비를 더 내리게 할 수도 있어. 그렇게 되면 아시아 몬순(계절에 따라 일정한 방향으로 부는 바람) 순환에 큰 변화가 생기고 이상기후도 더 자주 나타나.

이번 연구에서 3천 종 이상의 새로운 동식물이 발견되었어. 이 지역에서 가장 오래된 인류 활동 시기가 19만 년 전이라는 증거도 찾았다고 해.

⭐ 기사에서 인상 깊은 부분에 밑줄을 긋고, 나의 느낌에 O표 하세요.

 좋아요   따뜻해요   화나요   슬퍼요   놀라워요   오, 알겠어요

시사 어휘

지구온난화
지구의 평균 기온이 장기적으로 점점 높아지는 현상.

한 문장 요약 단어를 넣어 문장을 완성해 보세요.

21세기 말까지 아시아의 급수탑인 티베트 빙하가 절반 이상 녹고, 이로 인해 아시아 몬순 순환 변화와 이상 ㄱ ㅎ 발생이 증가할 것이다.

미니 퀴즈

- 티베트고원은 '아시아의 급수탑'이라고 불린다. (O, ×)
- 티베트고원의 기온 상승 속도는 지구온난화 속도보다 느리다. (O, ×)
- 티베트고원에서 가장 오래된 인류 활동 시기는 약 몇 년 전인가요?

핵심어 뽑기 기사에서 핵심어 3개를 뽑아 보세요.

미니 논술 빙하가 녹으면서 발생하는 홍수 같은 재해에 어떻게 대비해야 할까요?

정답 **한 문장 요약** 기후 **미니 퀴즈** O, X, 약 19만 년 전
핵심어 예시 티베트고원, 빙하, 사막화 등

인류세 논란은 끝났다

무려 10년 넘게 이어지던 인류세 논란이 끝날 것 같아. 국제층서위원회에서 인류세를 도입하지 않기로 했기 때문이야. 2024 지질학회 찬반 투표에서 인류세를 받아들이지 않기로 결정했어. 관심이 모였던 인류세 선언은 결국 이루어지지 않았지.

인류세(Anthropocene)는 1950년대를 기준으로 인류가 지구에 미치는 영향력이 커진 시기를 뜻하는 말이야. 지금 우리가 살고 있는 홀로세(Holocene)와 구분하려는 이름이지. 인류 때문에 지구온난화가 심화되고 생태계도 파괴되고 있으니, 이 시기에 따로 이름을 붙이자는 의견이 있었던 거야. 2009년 처음 이야기가 나오고 나서 지금까지 계속 인류세를 도입할지 말지를 두고 논쟁이 이어졌어.

그런데 첫 투표에서 부결되면서 인류세는 도입하지 않게 되었어. 앞으로는 '인류세'라는 말 자체도 공식적으로는 사용되지 않을 가능성이 커.

지금까지는 약 100만 년을 단위로 지질 시대를 나누어 왔어. 그런데 단 50년 정도의 기간을 따로 떼어 이름을 붙인다는 건 다소 급하다는 거지. 물론 인류가 지구에 큰 영향을 주고 있는 건 사실이야. 하지만 그걸로 지구 역사를 새로 나누는 건 무리라는 거야.

우리나라 부산에서 열린 '2024 세계지질과학총회'에서 이 발표를 하기로 했었는데, 결국 하지 못하게 된 거야. 그럼에도 인류의 활동이 지구에 미치는 영향에 대한 논의는 계속될 거야. 시기를 따로 구분하지는 않더라도 말이야.

⭐ 기사에서 인상 깊은 부분에 밑줄을 긋고, 나의 느낌에 O표 하세요.

 좋아요   따뜻해요   화나요   슬퍼요   놀라워요   오, 알겠어요

시사 어휘

인류세
인류의 활동이 지구의 지질학적 변화에 큰 영향을 미치기 시작한 시기를 나타내기 위해 제안된, 지질학적 시대 이름.

한 문장 요약 단어를 넣어 문장을 완성해 보세요.

10여 년간 논쟁이 이어지던 ㅇㄹ ㅅ 도입이 국제층서위원회의 투표 부결로 무산되었다.

미니 퀴즈

- 인류세는 1950년대 이후 인류가 지구에 큰 영향을 미치기 시작한 시기를 이르는 말이다. (O, ×)
- 국제층서위원회는 인류세 도입을 찬성하는 투표 결과를 발표했다. (O, ×)
- 인류세 도입 여부에 대한 논의가 처음 시작된 해는 언제인가요?

핵심어 뽑기 기사에서 핵심어 3개를 뽑아 보세요.

미니 논술 인류세를 지질 시대로 인정하지 않기로 한 결정에 대해 어떻게 생각하나요?

영국, 탈원전에서 다시 원전으로!

요즘 유럽 여러 나라들이 원자력발전을 안 쓰겠다는 탈원전 정책에서 벗어나고 있어. 영국은 원자력발전으로 돌아가는 데 특히 속도를 내고 있지. 몇 년 동안 미뤄 왔던 새로운 원자력발전소도 짓기 시작했어. SMR이라는 작은 원자력발전소도 준비하고 있지.

탈원전하려 했던 가장 큰 이유는 안전 때문이었어. 원자력발전소에서 사고가 나면 피해가 아주 커. 방사능이라는 위험한 물질도 오래 남아. 또, 원자력발전소를 돌리고 나면 방사능 쓰레기(핵폐기물)가 나오는데, 이 쓰레기는 안전한 보관이 어렵고, 돈도 많이 들지.

요즘엔 태양열이나 바람으로 전기를 만드는 재생에너지 기술이 점점 좋아지고 있어. 환경을 오염시키지 않는 재생에너지가 발전하면서, 원자력발전소 없이도 전기를 만들 수 있을 거라는 기대가 컸지. 이게 탈원전을 지지하는 이유 중 하나야.

하지만 막상 탈원전하려니까 어려움이 많았어. 원자력발전소는 전기를 쉬지 않고 안정적으로 만들어. 그런데 이걸 줄이면, 전기를 만드는 비용이 늘어나고 전기요금이 오를 수도 있지. 그리고 재생에너지는 햇빛이나 바람의 양에 따라 전기를 일정하게 만들기 어려워. 그래서 전기가 부족해질까 봐 걱정하는 사람들도 있어.

이렇게 여러 나라가 탈원전하기도 하고, 다시 원자력발전을 늘리기도 해. 각자 나라에 맞는 좋은 방법을 찾으려고 애쓰는 거야. 이건 돈 문제, 환경문제, 기술 수준까지 여러 가지를 함께 생각해야 하는 복잡한 일이야.

⭐ 기사에서 인상 깊은 부분에 밑줄을 긋고, 나의 느낌에 O표 하세요.

 좋아요　　 따뜻해요　　 화나요　　 슬퍼요　　 놀라워요　　 오, 알겠어요

시사 어휘

탈원전
원자력발전소의 사용을 줄이거나 완전히 중단하려는 정책이나 움직임.

한 문장 요약

단어를 넣어 문장을 완성해 보세요.

여러 나라가 탈원전 후 다시 원자력 발전을 늘리는 가운데, 영국은 새로운 ㅇㅈㄹ 발전소 건설에 속도를 내고 있다.

미니 퀴즈

• 영국은 현재 원자력 발전소 건설 계획을 모두 멈추고 탈원전 정책을 유지하고 있다. (O, ×)
• 탈원전을 지지하는 이유 중 하나는 핵폐기물(방사능 쓰레기)을 안전하게 처리하기 어렵다는 점이다. (O, ×)
• 원자력 발전소의 사용을 줄이거나 없애는 정책을 무엇이라고 부르나요?

핵심어 뽑기

기사에서 핵심어 3개를 뽑아 보세요.

미니 논술

원자력 발전소를 계속 만들어야 할까요, 줄여야 할까요?

정답 **한 문장 요약** 원자력 **미니 퀴즈** X, O, 탈원전
핵심어 예시 영국, 탈원전, 재생에너지 등

커피 도시 강릉의 '컵 보증금제'

커피 도시로 유명한 강원도 강릉에서 6월 5일 환경의 날, 특별한 변화가 시작됐어. 바로 맞춤형 다회용 컵 보증금제를 시행한 거야. 이 제도는 일회용 컵을 줄이고 깨끗한 환경을 만들려는 강릉시의 노력이야.

이제 강릉의 일부 커피 전문점에서 음료를 포장할 때, 다회용 컵을 사용하면 보증금 1000원을 내야 해. 그리고 사용한 컵을 매장에 돌려주거나, 시내 곳곳에 설치된 무인 회수기에 반납하면 냈던 보증금을 다시 돌려받아.

환경부는 이 제도를 통해 강릉에서만 매년 100만 개 이상의 일회용 컵을 줄일 수 있을 것으로 기대하고 있어. 이 제도가 다른 지역까지 퍼지면 전국적으로 일회용 컵을 줄이는 데 큰 도움이 될 거라고 보고 있지.

그동안 다회용 컵 보증금제는 놀이공원이나 특정 커피 브랜드 매장에서만 시범적으로 운영되었어. 하지만 강릉은 시 전체의 커피 전문점에서 운영된다는 점에서 큰 의미가 있어. 강릉시와 환경부, 그리고 지역 카페 업주들이 힘을 모아 제도를 만든 거야.

강릉시는 무인 회수기를 30대 설치했어. 그리고 이용객의 흐름에 맞춰 위치도 계속 바꿀 계획이라고 해. 회수된 컵들은 전문 업체에서 깨끗하게 씻고 소독해서 다시 카페에 공급할 거야. 컵 보증금제를 이용하는 소비자에게는 보증금 외에 컵 한 개당 300원의 탄소 중립 포인트도 준다고 해. 환경도 지키고 혜택도 받는 좋은 기회가 될 거야.

⭐ 기사에서 인상 깊은 부분에 밑줄을 긋고, 나의 느낌에 O표 하세요.

좋아요   따뜻해요   화나요   슬퍼요   놀라워요   오, 알겠어요

시사 어휘

컵 보증금제
다회용 컵을 사용할 때 보증금을 내고, 컵을 돌려주면 보증금을 다시 받는 제도.

한 문장 요약
단어를 넣어 문장을 완성해 보세요.

커피 도시 **ㄱ ㄹ**이 6월 5일 환경의 날부터 전국 최초로 시 전체 커피 전문점에 다회용 컵 보증금제를 도입했다.

미니 퀴즈

• 강릉의 컵 보증금제는 음료를 포장할 때 다회용 컵 대신 일회용 컵 사용을 의무화하는 제도이다. (O, ✕)
• 컵 보증금제를 이용하고 사용한 컵을 반납하면 보증금을 돌려받을 수 있다. (O, ✕)
• 컵 보증금제를 이용하는 소비자에게 추가로 주는 포인트는 무엇인가요?

핵심어 뽑기

기사에서 핵심어 3개를 뽑아 보세요.

미니 논술

강릉에서 시작한 다회용 컵 보증금제를 전국으로 확대하는 것이 좋을까요?

바닷속 신비한 손님, 종말의 날 물고기

2025년 6월, 호주 태즈메이니아 해변에 신기하고 긴 물고기가 한 마리 나타났어. 이 물고기는 산갈치야. 사람들은 이 산갈치를 '종말의 날 물고기'라고 부르기도 해.

산갈치는 아주 깊은 바닷속에 살아서 우리 눈에는 잘 안 띄어. 몸이 길고 납작한 리본처럼 생겼어. 등에는 빨간 지느러미가 길게 뻗어 있어서 정말 신기해 보이지. 아주 크게 자라면 버스만큼 길어질 수도 있어.

그런데 이렇게 보기 힘든 산갈치가 해안가로 떠밀려 오거나 얕은 물에서 발견되면, 옛날 사람들은 불길한 징조라고 생각했어. 특히 일본에서는 산갈치를 '용궁의 사자'라고 불렀어. 이 물고기가 나타나면 큰 지진이나 쓰나미 같은 자연재해가 닥칠 거라고 믿었지. 실제로 2011년 일본에서 큰 지진이 나기 전에 많은 산갈치들이 발견됐대. 그래서 이런 믿음이 더 퍼진 것 같아.

하지만 과학자들은 그렇게 생각하지 않아. 산갈치가 큰 지진을 예고하는 건 아니라는 거야. 심해 물고기들이 다치거나 약해지면 바다 위로 떠오르기도 해. 바닷속 물 흐름이 갑자기 바뀌거나 폭풍이 생겨도 길을 잃고 떠밀려 올 수 있다고 해.

그러니까 산갈치가 나타나는 건 바닷속 환경이 바뀌었기 때문일 가능성이 더 커. 어떤 과학자들은 큰 지진이 나기 전 바닷속 작은 움직임이나 가스가 물고기들에게 영향을 줄 수 있다고는 해. 하지만 이건 아직 확실하게 밝혀지지 않았어.

⭐ 기사에서 인상 깊은 부분에 밑줄을 긋고, 나의 느낌에 O표 하세요.

 좋아요 따뜻해요 화나요 슬퍼요 놀라워요 오, 알겠어요

시사 어휘

자연재해
지구의 자연적인 현상 때문에 사람들에게 피해를 주는 모든 재난.

한 문장 요약 단어를 넣어 문장을 완성해 보세요.

2025년 6월 호주 태즈메이니아 해변에 나타난 심해어 ㅅㄱㅊ는 '종말의 날 물고기'라 불린다.

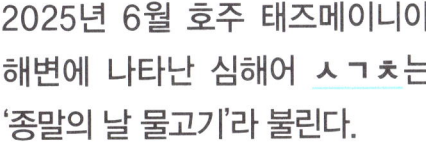

미니 퀴즈

- 산갈치는 주로 얕은 바다에 사는 물고기이다. (○, ×)
- 과학자들은 산갈치의 출현이 지진과 같은 자연재해와 직접적인 관련이 있다고 본다. (○, ×)
- 산갈치를 '종말의 날 물고기'라고 부르는 나라는 어디인가요?

핵심어 뽑기 기사에서 핵심어 3개를 뽑아 보세요.

미니 논술 주변 생물의 변화나 움직임을 통해 자연재해를 예측하는 것에 대한 의견을 써요.

밝고 뜨거운 도시, 식물은 못 쉰다

도시가 점점 더 밝고 뜨거워지고 있어. 그런 까닭에 나무나 풀 같은 식물이 시골보다 최대 3주까지 더 자라고 있대. 도시는 낮에는 햇볕을 받아서 뜨겁고, 밤에는 가로등이나 건물 불빛 때문에 환해. 이런 도시 열섬 현상과 빛 공해가 식물들에게 큰 영향을 미치고 있어. 도시의 높은 온도는 식물들이 추위를 덜 느끼게 해. 또 밤늦게까지 켜져 있는 불빛은 식물들이 낮이라고 착각하게 하지. 그래서 더 오랫동안 활동하게 되는 거야.

미국과 중국 연구팀이 북반구의 여러 도시들을 분석해 봤어. 그랬더니 도시의 식물들은 시골에 있는 같은 식물들보다 봄에 싹이 더 빨리 트고, 가을에 낙엽이 더 늦게 지는 현상이 있다고 해. 온도가 높은 것도 이유지만, 밤에 환하게 켜져 있는 인공조명이 식물이 자라는 생장기를 늘리는 데 더 큰 영향을 줘. 도심 한가운데로 갈수록 밤에도 빛이 강하니까, 식물들이 쉬지 못하고 계속 자라는 거야.

이렇게 식물들의 생장기가 길어지는 것은 좋은 게 아니야. 식물은 햇빛과 온도를 느끼면서 싹을 틔우고, 꽃을 피우고, 낙엽을 떨어뜨리는 때를 알아. 그런데 밤에도 빛이 너무 많으면 식물의 이런 자연스러운 시계가 혼란스러워지거든. 이는 곤충들이 꽃가루를 옮기는 시기에도 영향을 주어서 전체적인 생태계 균형이 흐트러지는 거지.

밝고 뜨거운 도시가 식물에게도 이렇게 큰 영향을 주고 있어. 우리가 자연과 함께 어떻게 살아가야 할지 다시 한번 생각해 봐야 할 것 같아.

⭐ 기사에서 인상 깊은 부분에 밑줄을 긋고, 나의 느낌에 O표 하세요.

 좋아요   따뜻해요   화나요   슬퍼요   놀라워요   오, 알겠어요

시사 어휘

도시 열섬
도시 지역이 시골 지역보다 온
도가 더 높게 나타나는 현상.

한 문장 요약 단어를 넣어 문장을 완성해 보세요.

도시의 높은 온도와 밤의 불빛 때
문에 식물들의 생장기가 시골보다
길어지고 ㅅㅌㄱ에 영향을 주고
있다.

미니 퀴즈

• 도시의 식물은 시골보다 봄에 늦게 싹이 튼다. (O, ×)

• 밤에도 켜져 있는 불빛은 식물들이 낮이라고 착각하게 만든다. (O, ×)

• 도시의 온도가 시골보다 높게 나타나는 현상을 무엇이라고 하나요?

핵심어 뽑기 기사에서 핵심어 3개를 뽑아 보세요.

미니 논술 도시의 밤을 더 어둡게 만드는 '빛 공해 줄이기 정책'을 시행해야 할까요?

정답 **한 문장 요약** 생태계 **미니 퀴즈** X, O, 도시 열섬 현상
핵심어 예시 도시 열섬, 빛 공해, 인공조명 등

일본에 대지진이 올까?

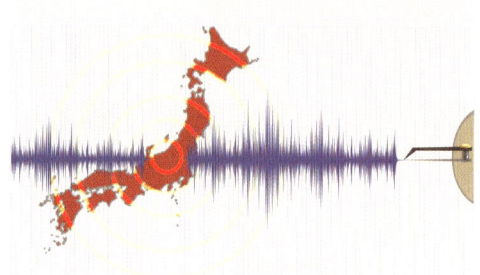

일본에 큰 지진이 난다는 소문이 퍼지면서 일본 여행을 가려던 사람들이 취소하기도 했어. 하지만 일본기상청은 이건 완전히 근거 없는 이야기라고 밝혔어. 과학적으로 아직 지진이 '언제', '어디서' 일어날지는 정확히 예측할 수 없다는 거야.

그렇다고 해서 걱정할 필요가 없다는 뜻은 아니야. 일본은 전 세계에서 가장 지진이 자주 일어나는 나라 중 하나고, 우리나라도 그 영향을 받고 있어. 실제로 일본은 앞으로 30년 안에 규모 8에서 9 정도 되는 엄청 큰 지진이 올 수 있다고 보고 있어. 만약 그런 지진이 일어난다면, 30만 명 넘게 목숨을 잃고, 피해 금액은 270조 원이 넘을 수 있다는 예측도 있어. 2025년 초 일본 이시카와현에서는 규모 7.6의 큰 지진이 발생해서 600명 넘는 사람들이 숨졌어. 그 뒤로도 일본 남쪽에서 크고 작은 지진이 계속되고 있지.

지진은 일본만의 일이 아니야. 미국, 멕시코, 인도네시아, 뉴질랜드처럼 지진대에 위치한 나라들도 해마다 큰 피해가 생기고 있어. 그래서 요즘 세계 곳곳에서는 지진 조기 경보 시스템을 더 빠르고 정확하게 만들려고 애쓰고 있지. 우리나라도 지진이 나면 스마트폰에 긴급 문자가 뜨도록 하는 시스템을 갖추고 있어.

우리도 지진을 대비하고 점검해야 해. 오래된 건물이라면 내진 설계를 보강해야 하고, 집 안의 가구나 선반도 고정해 두는 게 좋아. 지진 대피 훈련도 진지하게 참여해야 해. 지진을 막을 수는 없지만, 미리 알고 준비하면 피해를 훨씬 줄일 수 있어.

⭐ 기사에서 인상 깊은 부분에 밑줄을 긋고, 나의 느낌에 O표 하세요.

 좋아요　　 따뜻해요　　 화나요　　 슬퍼요　　 놀라워요　　 오, 알겠어요

시사 어휘

내진 설계
지진이 발생했을 때 무너지지 않고 건물이 지진의 흔들림을 잘 견딜 수 있도록 튼튼하게 짓는 건축 기술.

한 문장 요약 단어를 넣어 문장을 완성해 보세요.

일본에 ㄷㅈㅈ이 온다는 소문이 돌지만 사실상 지진은 예측 불가능하다.

미니 퀴즈

- 일본 기상청은 다가오는 큰 지진에 대한 소문이 과학적인 근거가 있다고 밝혔다. (O, ×)
- 2025년 초 일본 이시카와현에서 발생한 지진의 규모는 7.6이었다. (O, ×)
- 일본은 앞으로 몇 년 안에 규모 8~9 정도의 큰 지진이 올 수 있다고 보고 있나요?

핵심어 뽑기 기사에서 핵심어 3개를 뽑아 보세요.

미니 논술 긴급 재난 문자 외에, 지진 피해를 줄일 수 있는 방법은 무엇이 있을까요?

정답 **한 문장 요약** 대지진 **미니 퀴즈** X, O, 30년
핵심어 예시 일본, 대지진, 내진 설계 등

달걀 껍데기 숫자의 비밀

달걀 껍데기를 보면 숫자가 적혀 있는데. 이건 단순한 숫자가 아니야. 그 달걀이 어떤 환경에서 낳아졌는지를 알려 주는 신분증 같은 거야. 2019년부터 모든 달걀에 이 정보를 표시해야 하는 제도가 생겼는데 이걸 '난각번호제'라고 해.

이 숫자를 잘 보면 그 달걀이 언제 생산되었는지, 어느 농장에서 왔는지, 닭이 어떤 환경에서 살았는지까지 알 수 있어. 가장 눈여겨봐야 할 건 바로 맨 뒤에 있는 숫자야. 1부터 4까지 있는데, 이 숫자는 닭이 얼마나 자유롭게 살았는지를 나타내. 일반적으로 1번이 가장 좋은 환경, 4번이 가장 열악한 환경이라고 알려져 있어.

많은 사람이 1번을 동물복지 달걀이라고 생각하지. 그런데 꼭 그렇지는 않다고 해. 닭이 바깥에서 돌아다닐 수 있는 좋은 환경이라 해도, 동물복지 축산농장으로 정식 인증을 받아야 해. 그렇지 않다면 동물복지 달걀이라고 부를 수 없어. 실제로는 1번 달걀 중에도 인증받지 못한 곳이 많아.

동물복지 달걀을 사고 싶다면, 난각번호만 보지 말고, 포장지에 '동물복지 축산농장 인증' 표시가 있는지도 확인해야 해. 그래야 진짜 인증받은 농장에서 온 달걀인 거야.

달걀은 우리가 매일 먹는 음식이지만 그 안에는 단순한 식재료 이상의 이야기가 담겨 있어. 소비자가 조금 더 관심을 가지고 살펴보면, 더 나은 선택을 할 수 있지. 닭이 행복한 환경에서 살아야 우리가 먹는 달걀도 건강한 거니까.

⭐ 기사에서 인상 깊은 부분에 밑줄을 긋고, 나의 느낌에 O표 하세요.

 좋아요
 따뜻해요
 화나요
 슬퍼요
 놀라워요
 오, 알겠어요

시사 어휘

난각번호제
달걀 껍데기에 생산 일자, 농장, 사육환경 등의 정보를 표시해 소비자가 달걀의 생산 과정을 알 수 있도록 한 제도.

 **한 문장 요약** 단어를 넣어 문장을 완성해 보세요.

ㄴㄱ번호제를 통해 달걀의 사육 환경과 생산 정보를 알 수 있다.

 **미니 퀴즈**

• 난각번호제는 달걀의 가격을 알려 주는 제도이다. (○, ✕)
• 1번 달걀은 모두 동물복지 인증을 받은 것이다. (○, ✕)
• 진짜 동물복지 달걀을 고르기 위해 무엇을 확인해야 할까요?

 **핵심어 뽑기** 기사에서 핵심어 3개를 뽑아 보세요.

 **미니 논술** 가격보다 사육 환경을 따져 보고 달걀을 고르는 게 맞을까요?

정답 **한 문장 요약** 난각 **미니 퀴즈** X, X, 포장지의 동물복지 축산농장 인증 표시

핵심어 예시 달걀 껍데기, 난각번호제, 동물복지 달걀 등

오르락내리락 탄소 배출권 가격

　탄소 배출권 가격이 오르락내리락하고 있어. 마치 주식 시장처럼 매일매일 가격이 바뀌어서 회사들도 좀 헷갈려 해. 탄소 배출권은 지구를 아프게 하는 나쁜 기체, 즉 탄소를 얼마나 내뿜을 수 있는지 정해 놓은 허가증 같은 거야. 공기가 오염되지 않도록 나라에서 회사에 탄소를 내보낼 수 있는 양을 미리 정해 주는 거지.

　회사들은 이 허가증이 있어야 공장을 돌리고, 자동차도 만들고, 여러 가지 물건을 생산할 수 있어. 만약 어떤 회사가 허가증에 적힌 양보다 탄소를 더 많이 내뿜으면 어떻게 될까? 다른 회사에서 남는 탄소 배출권을 사 와야 해. 반대로 탄소를 아주 조금만 내보내서 탄소 배출권이 남는 회사는 그 남은 것을 다른 회사에 팔아서 돈을 벌 수도 있지.

　그래서 회사들은 탄소를 적게 내뿜으려고 노력하고 있어. 탄소를 많이 내보내면 돈을 더 써야 하니까 어떻게든 줄이려고 애쓰는 거지. 이런 식으로 회사들이 탄소를 덜 내보내게 만드는 게 탄소 배출권 제도의 목적이야.

　경기가 오르락내리락 하면서, 이 탄소 배출권 가격도 좀 불안정해. 먼저, 경기가 안 좋으면 회사들이 물건을 덜 만들고 공장도 덜 돌리겠지? 그럼 탄소 배출을 덜 하니까, 탄소 배출권 가격이 내려가. 반대로, 경기가 좋아져서 공장이 활발하게 돌아가면 탄소 배출을 더 하게 되니까, 탄소 배출권 가격이 오르지. 유럽이나 미국은 탄소 배출권 가격이 엄청 높아. 우리나라는 그보다는 낮지만 탄소를 줄이려는 노력을 더 해야 해.

⭐ 기사에서 인상 깊은 부분에 밑줄을 긋고, 나의 느낌에 O표 하세요.

 좋아요　 따뜻해요　 화나요　 슬퍼요　 놀라워요　 오, 알겠어요

시사 어휘

탄소 배출권
회사가 정해진 양만큼만 탄소를 내뿜도록 허락하는 허가증.

 **한 문장 요약** 단어를 넣어 문장을 완성해 보세요.

탄소 배출권은 회사가 내뿜을 수 있는 탄소 양을 정해 놓은 ㅎㄱㅈ으로, 가격 변동이 있다.

 **미니 퀴즈**

• 탄소 배출권이 있으면 아무리 많이 탄소를 내뿜어도 괜찮다. (○, ×)
• 경기가 나빠지면 탄소 배출권 가격이 내려갈 수 있다. (○, ×)
• 회사가 허가된 양보다 탄소를 더 많이 내뿜으면 어떻게 해야 하나요?

 **핵심어 뽑기** 기사에서 핵심어 3개를 뽑아 보세요.

 미니 논술 탄소를 덜 내뿜는 회사에 더 많은 보상을 해 줘야 할까요?

정답 **한 문장 요약** 허가증 **미니 퀴즈** X, O, 다른 회사에게서 탄소 배출권을 사야 한다.
핵심어 예시 탄소 배출권, 탄소, 탄소 배출권 가격 등

미세플라스틱, 우리 몸을 병들게 해

미세플라스틱이 여러 경로로 매일 우리 몸에 들어오고 있어. 이 미세플라스틱이 우리 건강을 해친다고 미국의 한 연구팀이 밝혔어. 미세플라스틱은 5mm보다 훨씬 작아. 플라스틱 물통이나 비닐봉투가 오래되거나 부서지면 이런 작은 조각들이 생겨나지. 치약이나 화장품에 원래부터 들어 있는 것도 있어. 미세플라스틱은 바다, 강, 흙은 물론이고 공기 속에도 떠다니고 있지. 그래서 물이나 음식에서도 발견되고 있어.

이 작은 플라스틱 조각들이 우리 뱃속이나 호흡기에 쌓여 몸을 병들게 할 수 있대. 또 플라스틱을 만들 때 들어가는 나쁜 물질들이 우리 몸에 들어와서 호르몬을 이상하게 만들 수도 있어. 우리 몸은 스스로 미세플라스틱을 나쁜 것으로 방어하며 싸우는데, 계속 이렇게 싸우다 보면 몸이 약해지는 것이지.

미세플라스틱 문제가 쉽게 해결되지는 않아. 하지만 노력하면 충분히 줄일 수 있어. 먼저, 일회용 플라스틱을 덜 쓰는 거야. 컵 대신 텀블러를 쓰고, 비닐봉투 대신 장바구니를 사용하는 거지. 옷을 빨 때 세탁망을 쓰면, 옷과 물의 마찰이 적어서 옷에서 미세플라스틱이 나오는 것을 줄여 준다고 해. 분리수거도 잘하고 회사들도 미세플라스틱이 생기지 않도록 노력해야 해. 또 환경을 생각하는 물건들을 더 많이 만들어야 할 거야.

미세플라스틱은 눈에는 잘 안 보이지만, 우리 건강에 정말 큰 영향을 주는 문제야. 모두 관심을 가지고 조심해야 해.

⭐ 기사에서 인상 깊은 부분에 밑줄을 긋고, 나의 느낌에 O표 하세요.

 좋아요　 따뜻해요　 화나요　 슬퍼요　 놀라워요　 오, 알겠어요

시사 어휘

미세플라스틱
크기가 5mm 이하인 작은 플라스틱 입자.

한 문장 요약

단어를 넣어 문장을 완성해 보세요.

ㅁㅅㅍㄹㅅㅌ은 있는 작은 플라스틱 조각으로, 건강에 해로운 영향을 미칠 수 있다.

미니 퀴즈

• 미세플라스틱은 5mm보다 큰 크기의 플라스틱 조각이다. (○, ×)
• 미세플라스틱을 줄이기 위해 일회용 플라스틱 사용을 줄이는 것이 중요하다. (○, ×)
• 미세플라스틱은 주로 어떤 경로로 우리 몸에 들어오나요?

핵심어 뽑기

기사에서 핵심어 3개를 뽑아 보세요.

미니 논술

미세플라스틱을 줄일 수 있는 현실적인 실천 방안은 무엇일까요?

정답 **한 문장 요약** 미세플라스틱 **미니 퀴즈** X, O, 음식, 물, 공기
핵심어 예시 미세플라스틱, 환경, 재활용 등

김옥균의 한글 편지, 영국에서 발견

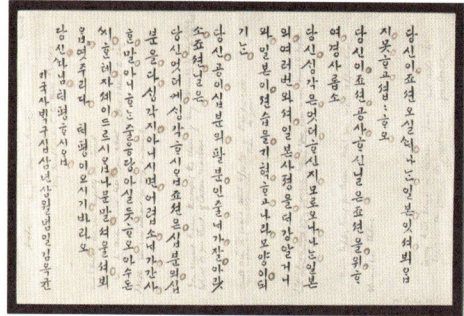

조선 시대의 개혁가 김옥균이 쓴 한글 편지가 영국에서 발견됐어. 이 편지는 1884년 4월 15일쯤에 쓰인 것으로 보여. 김옥균이 영국 외교관에게 직접 쓴 편지인데, 겉면에는 '개국 493년 3월 20일'이라고 적혀 있어. 요즘으로 바꾸면 1884년 봄이지. 전문가들이 글씨와 내용을 분석해 김옥균이 쓴 게 맞다고 밝혔어.

편지에는 영국 공사관에서 조선에 온다니 참 기쁘다는 인사말이 적혀 있어. 또 일본이 발전한 데는 영국의 역할이 컸으며, 조선의 사정도 잘 알아봐 달라고 부탁하는 내용이 담겨 있지. 이 편지는 김옥균 자신이 주도한 갑신정변이 일어나기 8개월 전에 쓴 거야. 아마도 그는 조선의 개혁을 준비하면서 영국과 먼저 좋은 관계를 만들려고 했던 것 같아. 내용에서 조선이 새롭게 바뀌길 바라는 마음을 알 수 있지.

신기한 건 이 편지를 한글로 썼다는 거야. 당시 양반들은 주로 한문을 썼거든. 그런데 김옥균은 일부러 한글 편지를 써서, 조선의 독립된 생각을 보여 주고 싶었던 것 같아. 그리고 혹시라도 중국이나 일본 사람들이 내용을 몰래 보지 못하게 하려는 뜻도 있었던 거라고 해.

지금 이 편지는 디지털로 정리돼서 많은 사람들이 볼 수 있도록 준비 중이라고 해. 조선이 세계와 연결되려고 얼마나 노력했는지, 그리고 당시 개혁가들이 어떤 생각을 했는지 널리 알게 될 거야.

⭐ 기사에서 인상 깊은 부분에 밑줄을 긋고, 나의 느낌에 O표 하세요.

 좋아요　 따뜻해요　 화나요　 슬퍼요　 놀라워요　 오, 알겠어요

시사 어휘

외교관
나라를 대표해서 다른 나라와 관계를 맺고 일을 하는 사람.

한 문장 요약 단어를 넣어 문장을 완성해 보세요.

ㄱㅇㄱ이 쓴 한글 편지가 영국에서 발견되면서, 조선의 개혁과 외교 노력을 보여 주는 중요한 자료가 되었다.

미니 퀴즈

• 김옥균은 한문으로 편지를 써서 외국 사람들도 쉽게 읽을 수 있도록 했다.
  (○, ×)
• 김옥균의 편지는 갑신정변이 일어나기 전인 1884년에 쓰인 것이다.
  (○, ×)
• 김옥균이 편지를 한글로 쓴 이유는 무엇인가요?

핵심어 뽑기 기사에서 핵심어 3개를 뽑아 보세요.

미니 논술 다른 나라와 좋은 관계를 맺기 위해 할 수 있는 일은 무엇일까요?

정답 **한 문장 요약** 김옥균 **미니 퀴즈** X, O, 조선의 독립된 생각을 보여 주기 위해.
핵심어 예시 김옥균, 한글 편지, 갑신정변 등

독특한 음식 만들기에 빠진 미국

지금 미국인들은 저렴한 비용으로 집에서 음식 만들어 먹는 매력에 푹 빠졌어. 이런 흐름이 소비 트렌드까지 이끌고 있지. 경제가 좋지 않아 신용카드 빚에 시달리는 이들이 많아지는 요즘, 식비를 최대한 아끼려는 거야.

그런데 장보기 비용을 줄이기 위해 집에 있는 재료로 익숙한 요리만 하다 보면 질리게 마련이야. 사람들은 이를 해결하기 위해 틱톡이나 인스타그램 같은 SNS에서 아이디어를 얻어. 거기서 창의적인 레시피를 찾아 색다르게 요리해 먹는 것이지. 이렇게 하니 평소에 흔히 먹던 식재료가 새로운 음식으로 태어나는 거야.

식품 회사들에서는 이런 분위기를 반겨. 바이럴 마케팅의 기회로 삼는 것이지. 바이럴 마케팅은 소비자들끼리 입소문이나 분위기를 퍼뜨리게 하여 상품을 널리 알리는 홍보 방식이야. 이렇게 하면 물건이 더 잘 팔리게 마련이지.

식품 회사는 요리 SNS 운영자에게 제품을 먼저 제공해. 그럼 그 사람이 그 재료를 활용해서 독특한 요리를 만들어 보여 주고, 사람들은 그 영상에 나온 제품에 관심을 갖게 되는 거야. 때로는 식품 회사가 요리 SNS 운영자가 개발한 레시피에서 아이디어를 얻어 새로운 재료를 개발, 판매하는 일도 있다고 해.

소비자 입장에서는 지겹지 않은 집밥을 먹을 수 있어서 좋아. 식품 회사는 제품을 홍보할 수 있으니 서로에게 좋은 흐름이야.

⭐ 기사에서 인상 깊은 부분에 밑줄을 긋고, 나의 느낌에 O표 하세요.

 좋아요　　 따뜻해요　　 화나요　　 슬퍼요　　 놀라워요　　 오, 알겠어요

시사 어휘

바이럴 마케팅
입소문이나 분위기를 통해 소비자들 사이에 상품이나 서비스가 자연스럽게 퍼져나가도록 만드는 홍보 방식.

한 문장 요약
단어를 넣어 문장을 완성해 보세요.

미국 소비자들이 식비를 줄이기 위해 SNS를 활용하고 있으며 식품 회사들은 이를 ㅂㅇㄹ 마케팅 기회로 활용하고 있다.

미니 퀴즈

• 미국인들은 빚이 없어도 저렴하게 음식을 만들어 먹는 것을 선호한다. (○, ×)

• 바이럴 마케팅은 소비자들이 직접 소문을 내어 상품을 알리는 것을 활용하는 방식이다. (○, ×)

• 미국 소비자들이 저렴한 집밥 레시피를 주로 얻는 곳은 어디인가요?

핵심어 뽑기
기사에서 핵심어 3개를 뽑아 보세요.

미니 논술
SNS를 통해 음식 레시피를 공유하는 문화에 대해 어떻게 생각하나요?

정답 **한 문장 요약** 바이럴 **미니 퀴즈** X, O, 틱톡이나 인스타그램 같은 SNS
핵심어 예시 바이럴 마케팅, SNS 홍보, 집밥 등

편의점, 외국인의 필수 관광 코스

요즘 편의점이 외국인들의 관광 코스가 되고 있어. 외국에서 온 관광객들이 편의점에 들러 라면을 사 먹거나, 가족에게 줄 선물을 고르는 거야. 아주 즐거운 경험이지. 인스타그램이나 틱톡 같은 SNS에서 한국 편의점의 독특한 상품이나 먹방을 접하는 경우가 많아졌거든. 덕분에 우리 편의점에 대한 관심이 커졌어.

외국인들은 폭넓은 지역의 편의점을 찾고 있어. 예전엔 주로 서울 시내에 있는 편의점을 많이 이용했는데, 요즘엔 구석구석까지 찾아간다고 해. 편의점에서 쓰는 돈도 많아지고 있어. 편의점 대부분에서 외국인 결제 금액이 늘었다고 해.

이렇다 보니 편의점들은 외국인을 위한 마케팅을 더 열심히 고안할 수밖에 없어. 한 편의점은 외국인 관광객이 많이 찾는 곳에 새로 문을 열었어. 또 다른 편의점은 수많은 종류의 라면을 진열해 놓고 팔고 있어. 아이돌 그룹이 유튜브 영상 촬영을 했던 편의점에는 K-팝 팬들이 계속 찾아오고 있다고 해.

관광객들은 여행을 마치고 돌아가기 직전에도 편의점에 들러. 이런 변화 덕분에 인천 공항 편의점에는 과자와 라면을 모아 놓은 전시 코너까지 생겼어. 과자가 무려 480여 종이나 된다고 하니, 대단하지? 앞으로도 편의점이 외국인 관광객의 핫플레이스가 될지 사람들의 관심이 모아지고 있어.

⭐ 기사에서 인상 깊은 부분에 밑줄을 긋고, 나의 느낌에 O표 하세요.

 좋아요   따뜻해요   화나요   슬퍼요   놀라워요   오, 알겠어요

시사 어휘

핫플레이스
요즘 인기가 많아서 사람들이 많이 찾아가고 유행에 민감한 사람들이 모이는 장소.

한 문장 요약 단어를 넣어 문장을 완성해 보세요.

SNS를 통한 정보로 한국 ㅍㅇ ㅈ이 외국인 자유 여행객의 인기 관광 코스가 되었다.

미니 퀴즈

- 한국 편의점은 주로 단체 여행객들에게 인기가 많다. (○, ×)
- 인천 공항 편의점에는 외국인 관광객을 위한 과자와 라면 전시 코너가 생겼다. (○, ×)
- 외국인 관광객들이 한국 편의점 정보를 주로 어디에서 얻나요?

핵심어 뽑기 기사에서 핵심어 3개를 뽑아 보세요.

미니 논술 편의점이 외국인을 위해 하면 좋은 서비스나 상품에는 어떤 것이 있을까요?

정답 **한 문장 요약** 편의점 **미니 퀴즈** X, O, SNS(인스타그램, 틱톡 등)
핵심어 예시 편의점, 외국인 관광객, K-팝 팬

킬러 로봇, 절대 안 돼!

일본에서 중요한 발표가 있었어. 바로 인공지능(AI) 무기를 만들 때의 원칙을 정한 거야. 그 중 가장 중요한 점은 명령 없이 공격하는 로봇은 만들지 않겠다는 거야.

인공지능을 전쟁에 쓸 무기에 넣을 수는 있어. 그런데 로봇이 사람의 명령 없이 혼자서 싸우고 사람을 해치게 되면 아주 위험하지. 일본은 이런 무기를 '킬러 로봇'이라고 부르며 아예 만들지 않기로 결정한 거야.

일본이 이런 규칙을 만든 이유는 인공지능이 아무리 똑똑해도 판단을 잘못할 수 있기 때문이야. 목숨이 달린 일은 반드시 사람이 마지막 결정을 내려야 한다고 생각한 거야. 그래서 인공지능 무기를 만들 때 사람이 잘 통제할 수 있게 만들어야 한다고 강조했어.

인공지능 무기를 만들려면 여러 단계를 거쳐 꼼꼼하게 검사해야 해. 법에 어긋나지 않는지, 정말로 사람의 통제를 받는지, 안전한지까지 자세히 살펴보는 거야.

일본이 인공지능을 군사 목적으로 무조건 안 쓰겠다는 건 아니야. 나라를 지키는 데 필요한 부분엔 인공지능을 잘 활용하고 싶어 해. 이번 기준은 위험한 킬러 로봇은 막으면서도, 다른 나라들처럼 인공지능을 국방에 똑똑하게 쓰기 위해 정한 거야.

이번 일본의 발표는, 인공지능 기술이 발전함에 따라 우리 사회가 어떤 점을 중요하게 생각해야 하는지 잘 보여 주는 사례야.

⭐ 기사에서 인상 깊은 부분에 밑줄을 긋고, 나의 느낌에 O표 하세요.

 좋아요   따뜻해요   화나요   슬퍼요   놀라워요   오, 알겠어요

시사 어휘

킬러 로봇
사람의 지시 없이 스스로 목표물을 찾아서 공격하고 해치는 인공지능 무기.

한 문장 요약 단어를 넣어 문장을 완성해 보세요.

일본은 사람의 ㅁㄹ 없이 스스로 공격하는 킬러 로봇은 만들지 않겠다고 했다.

미니 퀴즈

• 일본은 킬러 로봇 개발을 허용하고 있다. (○, ×)

• 일본은 인공지능 무기에서 인간의 통제를 중요하게 생각한다. (○, ×)

• 일본이 인공지능을 이용한 무기 개발에서 가장 중요하게 금지한 로봇은 무엇인가요?

핵심어 뽑기 기사에서 핵심어 3개를 뽑아 보세요.

미니 논술 인공지능 기술을 활용해 무기를 만드는 것에 대해 어떻게 생각하나요?

정답 **한 문장 요약** 명령 **미니 퀴즈** X, O, 킬러 로봇
핵심어 예시 인공지능 로봇, 인공지능 무기, 킬러 로봇 등

프랑스, 야외 흡연 안 돼!

프랑스에서는 2025년 7월부터 야외 공공장소에서 담배를 피울 수 없게 되었어. 해변, 공원, 학교 근처 등이 해당되지. 지금까지는 실내에서만 담배를 못 피우게 했지만, 이제는 바깥도 담배 연기 없는 깨끗한 나라를 만들겠다는 거야. 이 규칙을 어기면 벌금을 내야 해. 무려 135유로, 우리 돈으로 약 21만 원이야.

프랑스 정부는 왜 이런 결정을 했을까? 바로 어린이와 청소년을 담배 연기에서 지켜 주고 싶어서야. 담배 피우는 사람이 없는 나라를 만들고 싶은 거지. 담배 연기는 옆에 있는 사람에게도 해롭고, 특히 자라나는 아이들에게는 더 나쁘거든.

이번 금연 정책은 정말 많은 곳에 적용돼. 전국적으로 7천 곳이 넘는 야외 공간에서 담배를 피울 수 없게 된다고 해. 유럽에서 이렇게 강력하게 담배를 못 피우게 하는 나라는 많지 않아.

하지만 모든 야외 공간이 금연 구역이 되는 건 아니야. 카페나 술집의 야외 테라스에서는 아직 담배를 피울 수 있어. 전자담배도 이번 금지 대상에는 포함되지 않았지. 하지만 전자담배에 대해서는 또 다른 규칙을 만들 준비를 하고 있다고 해.

프랑스는 2032년까지 담배 없는 세대(비슷한 연령층의 사람 전체)를 만드는 것을 목표로 삼고 있어. 이번 야외 흡연 금지는 그 목표를 이루기 위한 아주 중요한 첫 걸음이라고 할 수 있지. 앞으로 프랑스 사회가 어떻게 변해 갈지 관심이 모이고 있어.

⭐ 기사에서 인상 깊은 부분에 밑줄을 긋고, 나의 느낌에 O표 하세요.

좋아요　　따뜻해요　　화나요　　슬퍼요　　놀라워요　　오, 알겠어요

시사 어휘

금연 정책
사람들이 담배를 피우지 못하게 하거나 덜 피우게 함으로써 국민 건강을 지키려는 국가의 계획이나 방법.

 **한 문장 요약** 단어를 넣어 문장을 완성해 보세요.

프랑스는 2025년 7월부터 야외 ㄱ ㄱ ㅈ ㅅ 에서의 흡연을 금지하고, 2032년까지 담배 없는 세대를 만드는 것을 목표로 하고 있다.

 **미니 퀴즈**

- 프랑스에서 2025년 7월부터 해변, 공원 등 야외 공공장소에서 흡연이 금지되었다. (○, ×)
- 프랑스는 모든 야외 공간을 금연 구역으로 지정했다. (○, ×)
- 프랑스 정부가 2032년까지 달성하려는 목표는 무엇인가요?

 **핵심어 뽑기** 기사에서 핵심어 3개를 뽑아 보세요.

미니 논술 공공 장소에서 흡연을 전면 금지하는 것에 대해 어떻게 생각하나요?

정답 **한 문장 요약** 공공장소 **미니 퀴즈** ○, X, 담배 없는 세대
핵심어 예시 프랑스, 야외 흡연 금지, 전자 담배 등

하버드대학이 유대인을 싫어한다고?

미국 하버드대학교에서 시끄러운 일이 있었어. 바로 유대인을 반대하는 '반유대주의' 때문에 일어난 일이야. 옛날부터 이스라엘과 팔레스타인은 지속적으로 싸웠어. 2023년 10월에는 이스라엘이 팔레스타인을 공격하면서 큰 전쟁이 일어났지. 그러자 하버드대학교를 포함한 많은 미국 대학교 학생들이 시위를 했어. 팔레스타인 사람들을 응원하고, 이스라엘의 행동을 비판하는 목소리를 낸 거야.

그런데 문제는, 일부 시위에서 나온 말이나 행동이 유대인 전체를 미워하고 싫어하는 것처럼 보였다는 거야. 이스라엘 정부의 행동을 비판하는 것을 넘어, 유대인 학생들을 괴롭히거나 차별하는 모습까지 나타났다고 해. 유대인이라는 이유로 싫어하고 괴롭히는 반유대주의가 표현된 것이지. 이 일이 커지자 사람들이 하버드대학교에 항의했어. 유대인 학생들이 안전한 학교 생활을 할 수 없다는 것이 이유였어.

이런 상황에서 미국 대통령 트럼프도 하버드대학교를 비판했어. 학교가 이런 반유대주의 문제를 제대로 해결하지 못하고, 또 외국인 학생들에 대한 정보를 제대로 공개하지 않는다고도 했지. 심지어 하버드대학교에 새로 들어올 외국인 학생들의 미국 입국을 막겠다는 행정명령까지 내리려고 했어. 하지만 법원에서 그걸 막았지.

전쟁에 대해 다른 의견을 나누는 것은 좋아. 하지만 하버드대학교에서 일어난 이 일은, 특정 민족을 미워하거나 차별해서는 안 된다는 것을 보여 준 사건이라고 할 수 있어.

⭐ 기사에서 인상 깊은 부분에 밑줄을 긋고, 나의 느낌에 O표 하세요.

 좋아요　　 따뜻해요　　 화나요　　 슬퍼요　　 놀라워요　　 오, 알겠어요

시사 어휘

반유대주의
유대인에 대해 차별하거나 미워하는 태도와 생각.

 **한 문장 요약** 단어를 넣어 문장을 완성해 보세요.

ㅎㅂㄷ대학교에서 팔레스타인 지지 시위 중 일부가 유대인 차별로 번지며, 반유대주의 논란이 커졌다.

 미니 퀴즈

- 2023년 10월, 이스라엘과 팔레스타인 사이에 큰 전쟁이 일어났다. (O, ×)
- 하버드대학교 시위는 모두 이스라엘 정부의 행동만을 비판하고 유대인 차별과는 관련이 없었다. (O, ×)
- 사람들이 하버드대학교에 항의한 이유는 무엇인가요?

 **핵심어 뽑기** 기사에서 핵심어 3개를 뽑아 보세요.

 **미니 논술** 특정 민족이나 종교에 대한 혐오 표현을 법적으로 제한해야 할까요?

스위스, 죽음의 캡슐은 무엇일까?

　스위스에 사르코라는 아주 특별한 기계가 있었어. 사람들은 이것을 '죽음의 캡슐'이라고 불렀어. 스위스에서는 아주 심한 병으로 고통받는 사람에 한해서, 원하면 의사의 도움을 받아 편안하게 삶을 마칠 수 있도록 허락하고 있어. 이것을 '안락사'라고 하는데, 사르코는 바로 이런 사람들이 스스로 마지막을 선택할 수 있도록 만들어진 기계야.

　이 캡슐은 커다란 조약돌처럼 생겼어. 사람이 안에 들어가서 눕고 버튼을 누르면, 캡슐 안의 산소가 아주 빠르게 사라지고 질소 기체로 가득 차. 산소가 없어지면 몸은 고통을 느끼지 못하고 스르르 잠들듯이 의식을 잃는다고 해. 몇 분 안에 생을 마감하게 되는 거지. 이 기계를 만든 사람은 아픈 사람들이 고통 없이 존엄하게 삶을 마감하는 것을 돕고 싶었다고 했어.

　하지만 이 죽음의 캡슐을 두고 많은 이야기가 오갔어. 죽음을 너무 쉽게 생각하게 만들 수 있다는 걱정도 있었고, 스위스 법에 문제가 없는지 따져 보는 사람들도 있었지. 2024년 9월, 이 캡슐이 처음으로 사용되었다는 뉴스가 나왔고, 스위스 정부는 조사를 시작했어. 이제는 이 사르코 캡슐을 더 이상 사용할 수 없게 되었어.

　죽음의 캡슐 사르코는 사람들로 하여금 편안하게 마지막을 선택할 권리와 생명의 소중함에 대해 다시 한번 생각하게 했어. 지금도 여전히 안락사에 대해 세계적으로 다양한 의견이 오가는 중이야.

⭐ 기사에서 인상 깊은 부분에 밑줄을 긋고, 나의 느낌에 O표 하세요.

좋아요　　따뜻해요　　화나요　　슬퍼요　　놀라워요　　오, 알겠어요

시사 어휘

안락사
회복될 가망이 없는 환자가 심한 고통을 겪을 때, 그 고통을 덜어 주기 위해 삶을 마치게 하는 의료 행위.

한 문장 요약 단어를 넣어 문장을 완성해 보세요.

스위스에서 <u>ㅇㄹㅅ</u>를 돕기 위해 개발된 죽음의 캡슐 사르코는 2024년 9월 처음 사용된 후 현재 사용이 중단되었다.

미니 퀴즈

- 스위스에서는 안락사를 허용한 적이 없다. (O, ×)
- 지금은 사르코 캡슐을 사용할 수 없게 되었다. (O, ×)
- 사르코 캡슐은 어느 나라에서 개발된 기계인가요?

핵심어 뽑기 기사에서 핵심어 3개를 뽑아 보세요.

미니 논술 나을 가망이 없을 때 스스로 생을 마치는 것을 허락하는 것, 어떻게 생각하나요?

정답 **한 문장 요약** 안락사 **미니 퀴즈** X, O, 스위스
핵심어 예시 스위스, 사르코, 죽음의 캡슐 등

101

독일 젊은이도 모두 군대에 가나?

독일은 군대에 가고 싶은 사람만 가는 '모병제'를 실시하고 있어. 지원자를 '모집한다'는 뜻의 모병제지. 그런데 최근 의무적으로 군대에 가야 하는 '징병제'를 시작하자는 이야기가 나오고 있어.

독일은 2011년에 모든 군인이 월급을 받는 직업 군인으로 바꾸고, 모병제를 실시했지. 그런데 2022년 러시아가 우크라이나를 침공하면서 유럽 전체의 안전 문제가 심각해졌어. 독일도 국방력을 강화해야 한다는 목소리가 커졌지. 하지만 군인이 되려고 하는 사람이 너무 부족해서 필요한 군인 수가 모자라다고 해. 군인을 더 늘리려는 목적으로 징병제 이야기가 나온 거야.

이 문제에 대해 여러 의견이 나오고 있어. 옛날처럼 모든 젊은이가 의무적으로 군대에 가는 완전한 징병제를 다시 시작하자는 주장이 있어. 또는 군대에는 가지 않더라도 사회봉사 기간을 의무적으로 만들자는 의견도 있지. 평상시에는 모병제를 유지하다가 필요할 때만 군인을 모집하자는 선택적 징병제를 주장하는 사람도 있다고 해.

징병제를 다시 시작하는 것이 쉬운 일은 아니야. 엄청난 돈이 들고, 젊은이들의 학업이나 직업 선택에 큰 영향을 줄 수 있어. 또 개인의 자유를 침해한다는 반대 목소리도 분명히 있지. 이는 단순히 독일만의 문제가 아니야. 유럽 전체의 안전이 불안한 상황에서는 나라를 어떻게 지킬지 모두 함께 고민해야 해.

⭐ 기사에서 인상 깊은 부분에 밑줄을 긋고, 나의 느낌에 O표 하세요.

 좋아요   따뜻해요   화나요   슬퍼요   놀라워요   오, 알겠어요

시사 어휘

징병제
나라가 국민을 대상으로 병역의 의무를 강제로 부여하여 일정 기간 군대에 가게 하는 제도.

한 문장 요약 단어를 넣어 문장을 완성해 보세요.

우크라이나 전쟁 이후 나라의 안보에 대한 걱정으로 독일은 다시 ㅈ ㅂㅈ 를 도입하는 것에 대해 논의 중이다.

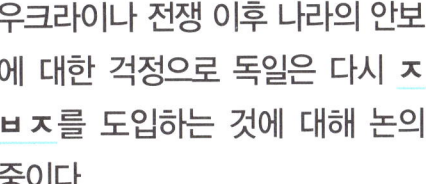

 미니 퀴즈

• 독일은 현재 군대에 가고 싶은 사람을 모집하는 모병제를 실시 중이다. (O, ×)
• 모병제는 원하는 사람만 군대에 지원해서 직업 군인으로 복무하게 하는 제도이다. (O, ×)
• 나라의 독립과 주권을 지키고, 국민의 생명과 재산을 보호할 수 있는 국가의 총체적인 힘을 무엇이라고 할까요?

 **핵심어 뽑기** 기사에서 핵심어 3개를 뽑아 보세요.

 **미니 논술** 징병제를 실시 중인 우리나라가 모병제로 바꾼다면 어떤 일이 일어날까요?

싱가포르 주 4일제 시범 시행

월 **화** **수** **목** **금** **토** **일**

아시아에서는 처음으로 싱가포르에서 '주 4일제'를 시범으로 시행하고 있어. 주 4일제는 1주일에 4일만 일하는 제도를 말해. 보통 5일을 일하던 어른들에게 쉬는 날이 하루 더 생기는 거지. 주 4일제로 일하는 어른들은 여유롭게 쉴 수 있다며 만족해 하고 있대.

그런데 아직 싱가포르의 모든 회사에서 주 4일제를 하는 건 아니야. 어떤 직업은 주 4일제를 시행하기 어려운 경우도 있어. 예를 들어, 아픈 사람들을 돌보는 의사나 간호사는 매일 병원에 있어야겠지. 교대로 쉬더라도 주 4일제를 모든 직업에 다 적용할 수 있을지는 아직 고민 중이야.

그런가 하면 호주의 '연락 금지법'을 도입해야 한다는 사람들도 있대. 연락 금지법은 퇴근 후 회사에서 직원에게 전화나 메시지를 보내는 것을 금지하는 거야. 만약 회사에서 퇴근한 직원에게 연락해서 일을 시키면 벌금을 내야 할 수도 있어.

싱가포르에서는 주 4일제를 계속 확대할지 말지 여러 의견이 나오고 있어. 쉬는 날이 많아지면 직원들은 행복하고 좋겠지만, 회사 입장에서는 일이 늦어지거나 불편한 점이 생길 수 있거든. 앞으로 싱가포르의 주 4일제, 호주의 연락 금지법 외에 또 어떤 방법들이 생길지 사람들의 관심이 모이고 있어. 우리나라는 주 4.5일제, 즉 1주일에 4일 반나절 일하는 것에 대한 이야기가 나오고 있어.

⭐ 기사에서 인상 깊은 부분에 밑줄을 긋고, 나의 느낌에 O표 하세요.

좋아요　딱뜻해요　화나요　슬퍼요　놀라워요　오, 알겠어요

시사 어휘

주 4일제
1주일에 4일만 일하고 3일은 쉬는 제도.

한 문장 요약   단어를 넣어 문장을 완성해 보세요.

싱가포르는 ㅇㅅㅇ 최초로 주 4일제를 시범 운영하여, 근로자들의 만족도가 높다.

미니 퀴즈

• 싱가포르는 주 4일제를 시범 시행하고 있다. (○, ×)
• 호주에서는 퇴근 후 회사에서 직원에게 연락하는 것을 금지하는 법이 없다. (○, ×)
• 퇴근한 직원이 회사로부터 업무 연락을 받지 않도록 하는 법은 무엇일까요?

핵심어 뽑기   기사에서 핵심어 3개를 뽑아 보세요.

미니 논술   주 4일제의 장점과 단점은 무엇일까요?

선진국일수록 여아를 선호한다고?

옛날에는 아들을 더 좋아하고 귀하게 생각하는 '남아 선호 사상'이 있었어. 우리나라를 비롯한 아시아에서는 아들이 있어야 집안의 대를 잇고, 부모님을 모실 수 있다고 생각했지. 또 농사일처럼 힘든 일이나 집안의 가장 역할은 아들이 해야 한다고 여겼어.

그래서 한때는 남자아이가 여자아이보다 훨씬 많았어. 남자들이 나중에 결혼할 짝을 찾기 어려운 경우도 있었지. 아프리카 일부 지역에서는 신붓집에 큰돈을 줘야 결혼할 수 있는 관습이 있어. 아들을 낳는 게 오히려 부담인 것이지.

그런데 이제는 세상이 정말 많이 바뀌고 있어. 전 세계적으로 남아 선호 사상이 줄어들고 있지. 선진국일수록 딸을 더 좋아하는 경향이 나타난다고 해. 우리나라도 마찬가지야. 인도나 중국도 아들만 귀하게 여기던 마음이 많이 줄어들었어.

이런 변화는 사회가 달라졌기 때문이야. 여자도 학교에서 열심히 공부하고 회사에서 중요한 일을 해. 지금 세상에는 다양한 직업이 있고, 남자든 여자든 모두 사회에 필요한 일을 할 수 있어. 또 딸도 부모님을 잘 모실 수 있다는 것을 이제는 모두 알아. 많은 어른들은 오히려 딸이 더 살갑고 부모를 잘 챙겨 준다고 해.

이런 변화 덕분에 심각했던 남자, 여자 인구의 성비 불균형도 조금씩 나아지고 있어. 무엇보다 더 중요한 건 남자든 여자든 모두 존중받으며 자라는 거야.

⭐ 기사에서 인상 깊은 부분에 밑줄을 긋고, 나의 느낌에 O표 하세요.

좋아요	따뜻해요	화나요	슬퍼요	놀라워요	오, 알겠어요

시사 어휘

성비 불균형
남자 수와 여자 수의 비율이 같지 않고 한쪽으로 치우쳐 있는 것.

 **한 문장 요약** 단어를 넣어 문장을 완성해 보세요.

우리나라를 포함한 ㅅㅈㄱ에서는 딸을 더 선호하는 현상이 나타나고 있다.

 **미니 퀴즈**

• 옛날에는 남자아이들이 여자아이들보다 훨씬 적었다. (○, ×)
• 우리나라를 포함한 선진국에서는 딸을 더 좋아하는 현상이 뚜렷하게 나타나고 있다. (○, ×)
• 아들을 더 좋아하고 귀하게 생각하는 것을 무엇이라고 하나요?

 **핵심어 뽑기** 기사에서 핵심어 3개를 뽑아 보세요.

미니 논술 아들과 딸의 역할은 같을까요, 다를까요?

정답 **한 문장 요약** 선진국 **미니 퀴즈** X, O, 남아 선호 사상
핵심어 예시 선진국, 남아 선호 사상, 여아 선호 등

트럼프 대통령이 관세를 올리고 있어

도널드 트럼프 미국 대통령의 관세 문제가 전 세계를 시끄럽게 하고 있어. 관세는 외국 물건을 수입할 때 붙이는 세금이야. 이 세금이 붙으면 외국 물건 값이 올라가게 돼.

트럼프 대통령은 미국에 들어오는 거의 모든 외국 물건에 관세를 아주 많이 붙이겠다고 했어. 나라에 따라 15%, 25%, 40% 등의 관세를 부과하겠다는 건데, 트럼프 이전의 관세 평균 0.2%에 비해 너무 높은 것이지. 트럼프 대통령은 이렇게 관세를 많이 붙이면 미국 회사들이 더 잘되고, 미국인들이 일자리를 더 많이 얻을 수 있다고 생각해. 외국 물건 값이 비싸지면 미국인들이 미국 물건을 더 많이 살 테니까. 그럼 미국 공장들이 바빠지고 경제가 더 좋아질 거라고 보는 거야.

하지만 미국 안에서도 이런 관세 정책을 걱정하는 목소리가 커지고 있어. 먼저, 외국 물건의 관세가 높으면 물건 값이 올라갈 수밖에 없어. 그러면 미국인들은 그 물건을 비싸게 사야 하는 것이지. 대신할 만한 미국 물건이 없는 경우가 많거든. 또 다른 나라들도 가만히 있지 않아. 미국 물건에 똑같이 관세를 붙여서 보복할 수 있어. 그러면 서로 물건을 사고팔기 어려워지고, 전 세계적으로 무역이 줄어들 수 있어. 모두가 힘든 거지.

지금은 트럼프 대통령의 관세 정책이 대통령 권한을 넘었다고 보는 사람들도 있어. 법적으로 문제가 있다는 거지. 앞으로 트럼프 대통령의 관세 정책이 어떻게 될지, 그리고 전 세계 경제에 어떤 영향을 줄지 많은 사람들이 걱정하고 있어.

⭐ 기사에서 인상 깊은 부분에 밑줄을 긋고, 나의 느낌에 O표 하세요.

 좋아요　　 따뜻해요　　 화나요　　 슬퍼요　　 놀라워요　　 오, 알겠어요

관세
외국에서 들어오는 물건에 붙는 세금.

한 문장 요약 단어를 넣어 문장을 완성해 보세요.

트럼프 대통령의 높은 관세 정책은 미국 ㄱㅈ를 살리려는 의도이지만, 세계 무역에 부정적 영향을 주어 논란이 되고 있다.

미니 퀴즈

• 관세는 외국 물건을 수입할 때 붙이는 세금이다. (○, ×)
• 트럼프 대통령은 외국 물건에 높은 관세를 붙이면 미국 기업과 일자리에 도움이 된다고 생각한다. (○, ×)
• 외국 물건에 붙는 관세가 높으면 물건 값이 어떻게 될까요?

핵심어 뽑기 기사에서 핵심어 3개를 뽑아 보세요.

미니 논술 미국 물건을 많이 팔기 위해 외국 물건 값을 비싸게 만드는 것, 괜찮을까요?

정답 **한 문장 요약** 경제 **미니 퀴즈** O, O, 올라간다.
핵심어 예시 트럼프, 관세, 세계 경제 등

유럽, 반려동물 판매 금지

　유럽연합(EU)이 동물 복지를 개선하기 위한 중요한 결정을 내렸어. 유럽연합 모든 나라에서 반려동물 가게인 펫숍에서 개와 고양이를 사고파는 것이 금지되었어. 반려동물 등록을 의무화하는 법안 초안(준비 단계의 법률안)도 유럽의회에서 통과되었지. 앞으로 펫숍 유리창으로 귀여운 강아지나 고양이들을 보는 풍경이 유럽에서 점차 사라질 전망이야.

　이런 조치를 추진하는 가장 큰 이유는 반려동물의 복지를 위해서야. 그동안 일부 펫숍이나 번식장에서 동물들이 좁고 열악한 환경에서 살았어. 또 너무 어린 새끼들이 어미와 떨어져 팔리는 문제가 많았거든. 불법적으로 동물을 사고파는 행위도 많았고, 버려지는 유기 동물이 늘어나는 것도 큰 문제였지. 유럽연합은 이런 문제들을 해결해서 동물들의 건강하고 행복한 삶을 보장하기 위해 이 법안을 만들었어.

　새로운 법안에는 개와 고양이를 비좁은 우리에 가두거나, 생후 8주가 안 된 새끼를 어미와 분리하는 행위가 금지돼. 암컷이 너무 자주 새끼를 낳지 않도록 번식 횟수를 제한하는 규정도 포함되어 있어.

　또 모든 반려동물을 반드시 등록하게 된 것이 중요해. 앞으로 유럽의 모든 개와 고양이에게 마이크로칩을 이식하고, 데이터베이스에 등록해야 하는 것이지. 이렇게 되면 반려동물의 주소가 어디인지, 누구네 동물인지 정확히 알 수 있어. 유기 동물을 줄이고 불법 거래를 막는 데 큰 도움이 될 거야.

⭐ 기사에서 인상 깊은 부분에 밑줄을 긋고, 나의 느낌에 O표 하세요.

좋아요	따뜻해요	화나요	슬퍼요	놀라워요	오, 알겠어요

시사 어휘

동물 복지
동물들이 고통 없이 편안하고 건강하게 살아가며, 본래의 습성대로 살아갈 수 있도록 보장하는 것.

한 문장 요약 단어를 넣어 문장을 완성해 보세요.

유럽연합은 동물 복지 개선을 위해 펫숍에서 반려동물 판매를 금지하고, 모든 반려동물의 ㄷㄹ 을 의무화하는 법안 초안을 통과시켰다.

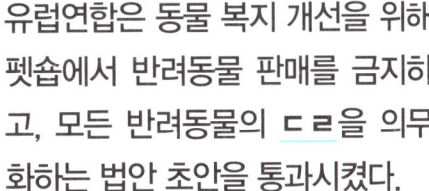

미니 퀴즈

- 유럽연합은 앞으로 펫숍에서 개와 고양이를 사고파는 것을 허용할 것이다. (○, ×)
- 새로운 법안은 모든 반려동물에게 마이크로칩을 이식하는 것을 의무화하고 있다. (○, ×)
- 새로운 법안에 포함된 내용을 2가지 말해 보세요.

핵심어 뽑기 기사에서 핵심어 3개를 뽑아 보세요.

미니 논술 우리나라에서도 유럽연합과 같은 반려동물 정책을 도입해야 할까요?

정답 **한 문장 요약** 등록 **미니 퀴즈** X, O, 반려동물 판매 금지, 반려동물 등록 의무화, 8주 미만의 새끼를 어미와 분리 금지 등
핵심어 예시 유럽연합, 동물 복지, 펫숍 등

사은품만 쏙 빼고 음식은 버린다?

일본 맥도날드에서 '해피밀'을 사면 포켓몬 장난감과 트레이딩 카드를 주는 이벤트가 있었어. 그런데 문제는 사람들이 사은품만 가지고 음식은 죄다 버렸다는 거야. 매장 근처에는 사람들이 버린 음식이 수북하게 쌓인 모습이 발견되기도 했어.

이 매장뿐 아니라 다른 곳에서도 비슷한 일이 있었어. 리셀러(재판매자)들이 세트를 사자마자 사은품만 쏙 꺼내고 음식은 바로 버리는 모습이 여러 번 목격된 거지. 어떤 사람은 사은품을 더 많이 받으려고 세트를 여러 개 사기도 해. 그 음식은 역시 버려지는 거고. 사은품을 주는 날에는 사람들이 몰려서 짧은 시간 안에 모두 품절된다고 해.

이 문제에 대해 비판의 목소리가 커지고 있어. 이 사실을 알면서도 행사를 계속하는 햄버거 회사에 항의하는 사람들도 있어. 돈을 벌기 위해서 음식이 버려지는 것을 모른 척한다는 거야. 한쪽에서는 가난 때문에 끼니를 굶는 아이들이 있는데, 다른 한쪽에서는 멀쩡한 음식이 버려지고 있으니 화가 날 만하지.

사실 이런 현실은 일본만의 문제가 아니야. 포켓몬 카드는 전 세계적으로도 문제가 되고 있거든. 미국에서는 사은품을 받으려고 줄 서다가 싸움이 나기도 했어. 또 다른 곳에서는 카드를 훔치는 일도 있었대. 음식을 파는 건 좋지만, 이런 방식이 괜찮은지 우리 모두 생각해 봐야 해.

⭐ 기사에서 인상 깊은 부분에 밑줄을 긋고, 나의 느낌에 O표 하세요.

좋아요   따뜻해요   화나요   슬퍼요   놀라워요   오, 알겠어요

시사 어휘

리셀러
상품이나 서비스를 한 번 구입한 뒤, 그것을 다시 다른 사람에게 팔아서 이익을 얻는 사람.

한 문장 요약   단어를 넣어 문장을 완성해 보세요.

일본 맥도날드에서 사람들이 햄버거를 산 후 ㅍㅋㅁ 카드와 장난감만 가지고 음식은 버리는 일이 생겼다.

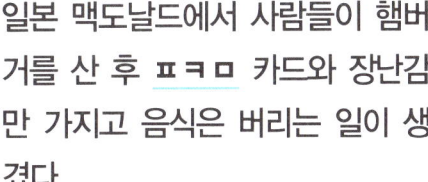

미니 퀴즈

• 리셀러들이 햄버거를 산 후 사은품만 가져가고 음식을 버리는 일이 생겼다. (O, ×)
• 사은품만 갖고 음식을 버리는 일은 일본에서만 벌어지고 있다. (O, ×)
• 미국에서는 사은품을 받기 위해 어떤 일이 벌어지기도 했나요?

핵심어 뽑기   기사에서 핵심어 3개를 뽑아 보세요.

미니 논술   사은품을 갖기 위해 음식을 사는 것에 대해 어떻게 생각하나요?

정답 **한 문장 요약** 포켓몬 **미니 퀴즈** O, X, 줄을 서다 싸우기도 했다.
핵심어 예시 일본, 맥도날드, 포켓몬 카드 등

이스라엘과 이란, 마침내 휴전

2025년 6월 24일, 중동의 두 나라 이스라엘과 이란이 마침내 싸움을 멈추기로 했어. 12일 동안 이어진 전쟁을 끝내고, 서로 휴전을 약속한 거야. 많은 미사일이 하늘을 가르고, 사람들이 공포에 떨었던 전쟁이 멈춘 거지.

처음 전쟁은 6월 13일 이스라엘의 공격으로 시작됐어. 이스라엘은 이란이 몰래 핵무기를 만들고 있다고 의심하고 이란의 핵 시설과 군사기지를 공격했어. 작전 이름은 '떠오르는 사자 작전'이었다고 해. 이스라엘은 미사일뿐만 아니라 드론과 비밀요원(모사드)도 동원해서 이란의 장군들과 핵 과학자들을 노렸어.

이에 이란도 가만히 있지 않았어. 곧바로 이스라엘을 향해 수백 발의 미사일과 드론을 날렸지. 이스라엘은 철통 방어망 '아이언 돔'으로 많은 공격을 막았지만, 병원과 학교 근처에 피해를 입기도 했어. 많은 사람이 다치고, 목숨을 잃기도 했어.

전쟁이 며칠간 계속되자, 전 세계는 걱정하기 시작했고 미국도 가만히 있지 않았지. 6월 22일, 미국은 거대한 폭탄을 이란의 핵 시설 3곳에 떨어뜨렸어. '한밤의 망치 작전'이었대. 이 공격으로 이란의 핵무기 계획은 잠시 멈추게 되었지만, 완전히 끝난 건 아니야.

미국과 중동의 카타르가 중간에 나서서 말렸어. 그러면서 양쪽이 조심스럽게 대화를 시작했대. '이란이 먼저 멈추면, 이스라엘도 멈춘다' 식으로 하나씩 약속을 지켜 나간 거지. 그렇게 해서 6월 24일, 전쟁은 멈추게 된 거야.

⭐ 기사에서 인상 깊은 부분에 밑줄을 긋고, 나의 느낌에 O표 하세요.

 좋아요　 따뜻해요　 화나요　 슬퍼요　 놀라워요　 오, 알겠어요

시사 어휘

국제 사회
세계 여러 나라들이 서로 관계를 맺고 영향을 주고받는 사회.

 **한 문장 요약** 단어를 넣어 문장을 완성해 보세요.

이스라엘과 이란이 핵시설을 둘러싸고 12일간 전쟁을 벌이다가, 2025년 6월 ㅎㅈ 했다.

 **미니 퀴즈**

• 이스라엘은 이란이 몰래 핵무기를 만들고 있다고 의심하고, 이란의 군사 기지를 공격했다. (O, ×)
• 미국은 전쟁 중 이란의 핵 시설을 공격했다. (O, ×)
• 이스라엘과 이란이 2025년 6월에 벌인 전쟁은 며칠 만에 휴전되었나요?

 **핵심어 뽑기** 기사에서 핵심어 3개를 뽑아 보세요.

 미니 논술 나라를 지키는 데 가장 중요한 건 무기일까요, 대화일까요?

정답 **한 문장 요약** 휴전 **미니 퀴즈** O, O, 12일
핵심어 예시 이스라엘, 이란, 전쟁 등

읽은 기사 중 인상 깊은 하나를 골라
아래의 내용을 채워 보세요.

년   월   일

기사 제목 :

- 어떤 일이 일어났나요?
  (무엇에 대한 기사인가요?)

- 조금 더 자세히
  설명해요.

- 결국 이 기사가 하려는
  이야기는 무엇인가요?

- 흥미롭거나 인상 깊은
  내용은 무엇인가요?

- 기사를 읽고 생각난
  개인적인 경험은
  무엇인가요?

- 기사에 대한
  여러분의 소감 또는
  의견, 생각을 써요.

3

 교육·과학

골라 먹는 자율선택급식

경기도 화성의 한 중학교에서 자율선택급식을 시작했어. 원하는 것을 선택해서 먹는 이 방식에 학생들은 대체로 만족했어. 자율선택급식은 경기도교육청에 새 교육감이 취임한 이후 운영이 시작되었어. 학생이 스스로 자신의 건강과 취향에 맞는 식단을 선택하고 식사량도 조절할 수 있는 자기주도적인 급식 방식이야.

급식대 앞에는 한식 상차림이 준비되어 있고 안내판에 메뉴가 있어서, 학생들이 원하는 것을 직접 골라 먹을 수 있어. 공통적으로 제공되는 반찬이 있고, 나머지 반찬을 스스로 선택하는 방식이라고 해.

스스로 골라 먹는다는 것 때문에 영양의 불균형을 걱정할 수 있겠지. 하지만 어느 것을 먹어도 한 끼 식사에 필요한 영양소가 섭취될 수 있도록 영양사가 식단을 짰기 때문에, 염려하지 않아도 된다고 해.

스스로 골라 먹으니 학생들의 만족도가 크고 음식물 쓰레기도 줄었어. 실제 자율선택급식을 하는 학교의 음식물 쓰레기 양을 조사하니 크게 줄었다는 결과가 나왔어.

2022년에는 경기도 학교 중 10곳이 자율선택급식을 했고 2023년에는 70곳으로 늘었지. 2024년에는 더 많아졌고 2026년까지 총 750곳으로 확대된다고 해. 학생을 존중하고 학부모도 만족하고 있는 방식이니만큼, 계속 잘 추진해 보겠다고 관계자는 말했어.

⭐ 기사에서 인상 깊은 부분에 밑줄을 긋고, 나의 느낌에 O표 하세요.

좋아요　　따뜻해요　　화나요　　슬퍼요　　놀라워요　　오, 알겠어요

시사 어휘

자율선택급식
제공된 반찬 중에서 학생이 원하는 메뉴와 양을 스스로 골라 먹는 급식 방식.

한 문장 요약  단어를 넣어 문장을 완성해 보세요.

경기도의 한 중학교가 학생이 원하는 반찬을 스스로 선택하는 자율선택급식을 도입해 학생들의 만족도가 크고, 음식물 <u>ㅆㄹㄱ</u>가 감소했다.

미니 퀴즈

• 자율선택급식을 하면 음식물 쓰레기가 줄어든다. (O, ✕)
• 자율선택급식은 학생 건강을 해칠 수 있다. (O, ✕)
• 자율선택급식 도입 첫 해인 2022년 자율선택급식 학교 수는 몇 개인가요?

핵심어 뽑기  기사에서 핵심어 3개를 뽑아 보세요.

미니 논술 자율선택급식을 모든 학교에 도입해야 할까요?

정답 **한 문장 요약** 쓰레기 **미니 퀴즈** O, X, 10곳
핵심어 예시 자율선택급식, 경기도교육청, 한식 등

"교복 입기 싫어요!"

강원도 학생의 절반은 교복을 입기 싫다고 했어. 학교에서 정해 준 교복 말고 자유롭게 입는 사복을 희망한다고 해. 강원도 교육청이 대책 마련에 나섰어.

한 기관에서 설문한 결과, 학생들 중 반 이상이 등교할 때 사복을 입고 싶다고 했어. 교복은 활동하기 불편하고 디자인과 옷의 소재 또한 마음에 들지 않는다는 것이 이유였어. 반면 학부모의 70% 정도는 생활형 교복을 바랐어. 생활형 교복은 체육복의 편리함과 교복의 단정함을 모두 누릴 수 있다는 장점이 있지.

강원도의 중학교, 고등학교, 특수학교 중 교복을 입지 않는 학교는 매우 적어. 학교의 학생 수가 아주 적거나 교복을 잘 입지 않는 학생이 많은 경우, 의논 끝에 입지 않기로 결정했어.

교육청에서는 교복 디자인을 바꾸거나, 불필요한 리본 같은 액세서리를 없애는 등의 고민을 하고 있어. 학생들이 교복을 좀 더 편하게 입을 수 있는 방법도 안내한다고 해. 학생도 학부모도 모두 만족할 수 있는 방법을 찾고, 이 내용을 알리고 있어.

교복은 학생이라는 신분을 나타내는 의미가 있고, 학생으로서의 자부심도 갖게 해 줘. 학교마다 디자인도 다양하고 학습 분위기 조성에도 도움이 돼. 다만, 너무 천편일률적이고 개성을 드러낼 수 없다는 점에서 교복 입기를 폐지해야 한다는 의견은 늘 있어 왔지.

⭐ 기사에서 인상 깊은 부분에 밑줄을 긋고, 나의 느낌에 O표 하세요.

좋아요   따뜻해요   화나요   슬퍼요   놀라워요   오, 알겠어요

시사 어휘

생활형 교복
학생들이 학교생활을 할 때 편하게 입을 수 있도록 만든 교복.

 **한 문장 요약** 단어를 넣어 문장을 완성해 보세요.

강원도 학생들의 절반 이상이 <u>ㅅㅂ</u>을 원하자, 교육청은 생활형 교복 도입과 교복 개선 방안을 검토하고 있다.

 **미니 퀴즈**

- 학부모의 절반 이상이 학생들이 사복을 입기를 바란다고 했다. (○, ×)
- 강원도 학생들의 절반 이상이 사복 등교를 원한다고 했다. (○, ×)
- 생활형 교복이 가진 두 가지 장점은 무엇인가요?

 **핵심어 뽑기** 기사에서 핵심어 3개를 뽑아 보세요.

 **미니 논술** 학생들의 선택권을 존중해 교복 대신 사복 등교를 허용하는 것이 좋을까요?

정답 **한 문장 요약** 사복 **미니 퀴즈** X ,○, 체육복의 편리함, 교복의 단정함
핵심어 예시 사복, 교복, 생활형 교복 등

주말에는 2시간만 더 자재!

청소년들이 주말에 늦잠을 자는 건 좋지만, 평소보다 2시간 정도만 더 자는 게 건강에 가장 이롭다는 사실이 밝혀졌어. 2시간 정도 더 자는 것은 단순히 몸의 피로를 푸는 것을 넘어, 정신 건강에도 긍정적인 영향을 미쳤다고 해.

대부분의 청소년은 학교와 학원 때문에 평일에 잠이 부족하다고 해. 많은 학생들이 주말이 되면 평일에 부족했던 잠을 한꺼번에 몰아서 자려고 하지. 실제 상당수의 청소년이 주말이면 평소보다 3시간 넘게 늦잠을 자. 이는 수면 부족일 때 나타나는 몸의 자연스러운 반응이야.

하지만 연구 결과, 주말에 잠을 2시간 정도 더 잔 10대들이 불안이나 우울을 덜 느꼈다고 해. 적절한 주말 늦잠은 스트레스를 줄여 주고 피로를 회복하는 데 큰 도움이 되는 거지. 몸이 충분히 쉬면서도 생활 리듬을 크게 해치지 않기 때문이야.

반면 전문가들은, 2시간을 넘는 지나친 늦잠은 오히려 생체 시계를 흔들어 놓는다고 경고했어. 우리 몸은 규칙적인 수면 습관을 가지고 있는데, 주말에 잠자는 시간이 너무 많이 늘어나면 월요일 아침에 더 피곤한 거지. 일요일 밤에 잠이 잘 오지 않아, 다시 평일 수면 패턴이 망가지고, 결국 학업 집중도까지 떨어지는 거야.

따라서 청소년들은 주말에 현명하게 수면 시간을 조절해야 해. 청소년에게 권장되는 하루 적정 수면 시간은 8~10시간이야.

⭐ 기사에서 인상 깊은 부분에 밑줄을 긋고, 나의 느낌에 O표 하세요.

 좋아요   따뜻해요   화나요   슬퍼요   놀라워요   오, 알겠어요

시사 어휘

생체 시계
우리 몸이 24시간 주기에 맞춰 잠들고 깨는 등 다양한 신체 활동을 규칙적으로 조절하는 몸 속 시스템.

한 문장 요약 단어를 넣어 문장을 완성해 보세요.

평일 수면 부족을 해소하기 위한 주말 늦잠은 2ㅅㄱ이 적당하고, 그 이상 자면 우리 몸의 리듬이 깨질 수 있다.

미니 퀴즈

• 청소년이 주말에 평소보다 3시간 이상 늦잠을 자면 불안이나 우울을 덜 느낄 수 있다. (O, ×)
• 청소년에게 권장되는 하루 적정 수면 시간은 8~10시간이다. (O, ×)
• 청소년들의 평일 수면이 부족한 이유는 무엇인가요?

핵심어 뽑기 기사에서 핵심어 3개를 뽑아 보세요.

미니 논술 여러분의 평일과 주말의 수면 습관은 어떤가요?

정답 **한 문장 요약** 시간 **미니 퀴즈** X ,O, 학교나 학원 때문에.
핵심어 예시 주말 늦잠, 청소년, 정신 건강 등

해외에서도 주목한 '개근거지'

해외여행 등 가족 여행을 가지 않고 개근하는 어린이를 '개근거지'라고 비하하는 말이 있어. 이를 해외에서도 다루어 주목받고 있어.

홍콩의 한 매체에서 '개근거지는 누구인가? 일과 공부만 하며 재미없게 사는 한국 젊은 이들'이라는 제목의 기사를 냈다고 해. 예전에는 성실함을 삶의 훌륭한 조건으로 여겼지만, 지금은 적절히 즐기며 사는 것을 더 중요하게 생각하지. 개근하는 것을 다소 좋지 않게 보는 시선이 생겼음을 말하는 거야.

특히 초등학생의 경우, 부모의 경제력에 따라 여행을 못 가는 경우 개근거지라는 놀림을 받는 일이 있어 사회 문제가 되고 있어. 실제 한 4학년 어린이가 개근거지라며 놀림받은 일이 있는데, 이는 우리나라 신문 기사에도 나온 적이 있지.

어떤 부모는 학기 중 많은 아이들이 체험 학습 신청서를 내고 해외여행을 간다는 사실을 새삼스럽게 알았다고 해. 조금 무리해서라도 잠시 여행을 다녀와야겠다고도 이야기했어. 그러면서 한편으로는 우리나라의 비교 문화에 대해서 비판했지.

소식을 접한 누리꾼들은 개근과 성실이 좋은 평가를 받고, 오히려 자부심을 가지길 바란다고 했어. 또한 성실하게 등교하는 어린이를 놀리는 것은 놀림을 넘어 괴롭힘이며, 그렇게 놀리는 아이들이 이기적인 것이라는 의견도 밝혔다고 해.

⭐ 기사에서 인상 깊은 부분에 밑줄을 긋고, 나의 느낌에 O표 하세요.

 좋아요　　 따뜻해요　　 화나요　　 슬퍼요　　 놀라워요　　 오, 알겠어요

시사 어휘

체험 학습 신청서
학생이 학교를 떠나 체험 활동에 참여할 때 학교에 제출하는 문서로 장소, 기간 등을 적고 부모 서명과 함께 제출한다.

 **한 문장 요약** 단어를 넣어 문장을 완성해 보세요.

학기 중 가족 여행을 가지 않고 개근하는 어린이를 비하하는 ㄱㄱㄱ ㅈ라는 말이 해외에서도 주목받고 있다.

 미니 퀴즈

• 예전에는 성실함을 삶의 훌륭한 조건으로 여겼다. (O, ×)
• 성실하게 개근하는 어린이를 놀리는 건 괴롭힘이다. (O, ×)
• 여행을 못 가는 이유로 어떤 것이 있다고 했나요?

 **핵심어 뽑기** 기사에서 핵심어 3개를 뽑아 보세요.

 **미니 논술** 학기 중에 무리를 해서라도 체험 학습을 가야 할까요?

 정답 **한 문장 요약** 개근거지 **미니 퀴즈** O, O, 부모의 경제력
핵심어 예시 해외여행, 개근거지, 부모의 경제력 등

125

학교 폭력, 신고하기 전에 잠깐!

학교에서 학부모, 학생, 교사 사이에 갈등이 종종 생겨. 학생들 사이의 일이 너무 쉽게 학교 폭력 문제로 이어지기도 해.

아이가 학교에서 문제 상황을 겪었을 때, 학부모가 앞뒤 사정을 가리지 않고 교사에게 과도하게 항의하는 경우가 많아. 이 때문에 학교 운영에 차질이 빚어지고, 교사의 스트레스가 커지고 지쳐 가지.

또한 학생들 사이의 사소한 다툼이 곧바로 학교 폭력으로 이어지는 일도 흔해졌어. 실제로는, 신고된 내용 중 많은 사례가 학교 폭력이라고 보기 어려운 내용이었다고 해. 신고가 너무 쉽게 이루어지면 교실 분위기가 나빠지고, 교사들은 더욱 힘들어지지.

학부모는 자녀가 괴롭힘을 당했다고 할 때, 곧바로 민원을 넣기보다는 먼저 차분하게 상황을 파악하는 태도를 가져야 해. 혹시라도 자녀가 학대를 당했는지 의심된다면, 마음을 가라앉히고 직접 학교를 찾아가 자초지종을 듣고 지혜롭게 해결하면 좋겠지.

교사들의 부담이 커지는 만큼, 정당하지 않은 민원에 대해서는 학교 대응팀이 맡는 것이 좋아. 교사 혼자 모든 걸 감당하기엔 감정 소모가 크거든.

학교는 친구와 우정을 쌓고 함께 공부하는 작은 사회야. 학부모, 학생, 교사가 서로 믿고 소통하는 곳이지. 이곳이 다툼과 신고로 얼룩지지 않도록 우리 모두의 노력이 필요해.

⭐ 기사에서 인상 깊은 부분에 밑줄을 긋고, 나의 느낌에 O표 하세요.

 좋아요　 따뜻해요　 화나요　 슬퍼요　 놀라워요　 오, 알겠어요

시사 어휘

민원
공공기관이나 공직자에게 개인
이나 집단이 자신의 요구나 불
편을 해결해 달라고 제기하는
요청.

 **한 문장 요약** 단어를 넣어 문장을 완성해 보세요.

학교에서 학부모, 학생, 교사 간의
<u>ㄱㄷ</u>이 심해지고 있으니, 서로 믿
는 마음으로 잘 해결해야 학교 분
위기가 살아날 것이다.

 **미니 퀴즈**

- 학교 폭력 문제가 점점 줄어들고 있다. (O, ×)
- 학부모는 앞뒤 상황을 보고 대처해야 한다. (O, ×)
- 학교는 어떤 사회라고 했나요?

 **핵심어 뽑기** 기사에서 핵심어 3개를 뽑아 보세요.

미니 논술 학교 폭력 문제 발생시 신고 하기 전에 어떻게 해야 할까요?

정답 **한 문장 요약** 갈등 **미니 퀴즈** X, O, 친구와 우정을 쌓고 함께 공부하는 작은 사회

핵심어 예시 민원, 학교 폭력, 교사 스트레스 등

내신 부담스러워 학교를 떠난다

내신 경쟁을 힘들어하는 고등학생들이 학교를 그만두는, 즉 자퇴하는 경우가 늘고 있어. 이 학생들 중 많은 수가 학교를 떠난 뒤 검정고시를 보고 수능 정시 전형을 준비해. 치열한 내신에서 벗어나 수능에 집중하려는 거지. 내신은 학교 안에서 받는 성적을 말해.

대학에 가는 방법은 크게 수시 전형과 정시 전형, 두 가지가 있어. 수시는 말 그대로 정해진 때 없이 수시로 학생을 선발하는 방식이야. 내신 성적이 중요해. 정시는 정해진 시기에 맞춰 학생을 뽑는 방식이야. 수능 성적이 중요하지.

교육계에 따르면, 특히 고등학교 2학년 학생들의 자퇴율이 눈에 띄게 증가했다고 해. 이들은 대부분 내신 성적 경쟁에서 어려움을 겪었어. 특정 과목에서 좋은 점수를 받기 어렵거나, 친구들과의 끝없는 경쟁에 지치는 경우가 많았다고 해.

1점 차이로도 등급이 달라지다 보니, 작은 실수에도 좌절감을 느끼는 학생들이 많아. 또, 학교 내신과 수능을 동시에 준비해야 하는 부담도 크지. 잠도 제대로 못 자고 힘든 상황이 반복되면서 압박감 때문에 결국 학교를 떠나는 경우가 생기는 거야.

고등학교 첫 시험 성적이 좋지 않은 경우, 바로 자퇴를 고민하는 학생도 있어. 전문가들은 너무 성급하게 결정하지 말고, 우선 1학년 1학기를 보내면서 충분히 생각해 보는 것이 좋다고 조언하고 있어.

⭐ 기사에서 인상 깊은 부분에 밑줄을 긋고, 나의 느낌에 O표 하세요.

 좋아요　　 따뜻해요　　 화나요　　 슬퍼요　　 놀라워요　　 오, 알겠어요

시사 어휘

수능(수학능력시험)
우리나라 고등학생들이 대학교에 가기 위해 보는 아주 중요한 시험.

 **한 문장 요약** 단어를 넣어 문장을 완성해 보세요.

고등학교 내신 경쟁의 부담과 스트레스 때문에 자퇴 후 ㄱㅈㄱㅅ와 수능 정시를 준비하는 학생들이 늘고 있다.

 **미니 퀴즈**

• 고등학교 내신 성적은 주로 대학교 수시 전형에서 중요하게 쓰인다.
(O, ✕)

• 정시 전형은 수능 성적이 중요하지 않다. (O, ✕)

• 학교를 그만두는 것을 무엇이라고 할까요?

 **핵심어 뽑기** 기사에서 핵심어 3개를 뽑아 보세요.

미니 논술 내신 때문에 학교를 떠나는 것에 대해 어떻게 생각하나요?

남학생이 수학을 더 잘한다고?

최근에 한 연구 결과가 나왔어. 초등학교에 막 입학했을 때는 남자아이와 여자아이의 수학 실력에 거의 차이가 없다고 해. 그런데 딱 4개월 정도가 지나자, 남자아이들이 여자아이들보다 수학을 더 잘하기 시작했다는 거야.

이 연구는 아이들이 학교에서 수학을 배우기 시작할 때의 모습을 살펴본 것으로 시작했어. 처음에는 정말 모두 비슷하게 출발했는데, 왜 이런 격차가 생기는 걸까?

우선 사회적인 분위기 때문일 수 있다고 해. 주변에 알게 모르게 '수학은 남자아이들이 더 잘한다'는 고정관념이 퍼져 있어. 이런 생각이 여자아이들 스스로 '나는 수학을 잘 못한다'라고 여기게 하는 것이지. 또 어른들이 남자아이들에게 수학을 더 강조한다는 거야.

놀이 방식이나 환경의 영향도 있어. 남자아이들이 블록 쌓기나 복잡한 장난감을 가지고 놀면서, 공간 지각 능력과 문제 해결 능력을 자연스럽게 키우는 경우가 더 많대. 수학에 대한 자신감이나 흥미도 중요해. 여자아이들이 일찍부터 수학은 어렵거나 안 맞는다고 생각하면, 점점 수학 공부를 덜 하게 되지. 결국 실력 차이가 커질 수 있다는 거야.

수학은 과학자, 공학자, 건축가 같은 직업을 가질 때 아주 중요한 과목이야. 그래서 모든 어린이가 수학을 재미있게 배우고, 잠재력을 펼칠 수 있도록 도와주는 것이 정말 중요해. 학교나 집에서 수학에 대한 편견을 없애고, 모두에게 동등하게 수학을 즐길 기회를 주는 것이 필요해.

⭐ 기사에서 인상 깊은 부분에 밑줄을 긋고, 나의 느낌에 O표 하세요.

좋아요　　딸뜻해요　　화나요　　슬퍼요　　놀라워요　　오, 알겠어요

시사 어휘

고정관념
어떤 대상이나 사람에 대해 바뀌지 않는 틀로 미리 판단하는 생각.

 **한 문장 요약**   단어를 넣어 문장을 완성해 보세요.

초등학교 입학 후 4개월이 지나자 남학생이 여학생보다 ㅅㅎ을 더 잘하기 시작했다는 연구 결과가 나왔다.

 **미니 퀴즈**

- 입학 후 4개월 만에 남자아이들이 여자아이들보다 수학을 더 잘하기 시작했다. (O, ×)
- 여자아이들은 블록 놀이로 공간 능력이 더 발달해 수학 실력이 더 빠르게 향상되었다. (O, ×)
- 입학한 지 몇 개월 후에 남녀 수학 실력이 달라지기 시작했나요?

 **핵심어 뽑기**   기사에서 핵심어 3개를 뽑아 보세요.

 **미니 논술**   수학 성별 격차를 줄이려면 가정과 학교에서 무엇을 해야 할까요?

정답 **한 문장 요약** 수학 **미니 퀴즈** O, X, 4개월
핵심어 예시 남학생, 수학, 고정관념 등

131

요즘 선생님들 괜찮을까?

요즘 끊이지 않는 민원 때문에 학교 선생님들이 큰 스트레스를 받고 있어. 아이들을 가르치고 지도하는 과정에서 학부모의 항의가 계속되면서, 선생님들이 교육 활동에 어려움을 느끼는 경우가 많아.

선생님들은 아이들의 학습과 생활 지도를 해. 그런데 교육 활동 하나하나에 학부모가 불만을 제기하는 경우가 늘고 있어. 정당한 학생 지도를 정서 학대라고 신고하기도 해.

민원이 반복되다 보니, 선생님들은 학생을 지도하는 데 큰 어려움을 겪고 있어. 학부모뿐 아니라 학생들까지도 선생님의 정당한 지도에 반항하는 경우도 있어. 지도 자체가 어려워지고 불안감까지 커지고 있는 상황이야. 결국 버티지 못하고 학교를 떠나는 교사도 늘고 있다고 해.

교권 침해가 심각해지자, 이를 막기 위해 몇 년 전 '교권 보호 5법'이 만들어졌어. 선생님의 정당한 교육 활동을 지키기 위해 만들어졌지만, 현실에서는 여전히 교사의 어려움이 줄지 않고 있다는 지적이 많아. 일부에서는 교권 침해를 부추기는 학생인권조례를 없애야 한다는 목소리도 나오고 있어. 물론 학생의 권리도 중요하지만, 선생님의 교육권도 함께 존중받아야 한다는 의견인 거야.

학교 현장에서는 '이대로는 안 된다'는 목소리가 나와. 선생님들이 걱정 없이 아이들을 가르칠 수 있는 환경, 그것이 지금 가장 필요한 변화야.

⭐ 기사에서 인상 깊은 부분에 밑줄을 긋고, 나의 느낌에 O표 하세요.

 좋아요   따뜻해요   화나요   슬퍼요   놀라워요   오, 알겠어요

시사 어휘

교권 침해
교사의 정당한 교육 활동이나 권리를 침해하거나 방해하는 행위.

 **한 문장 요약** 단어를 넣어 문장을 완성해 보세요.

학부모들의 반복되는 ㅁㅇ으로 큰 스트레스를 받아, 학교를 떠나는 경우가 늘고 있다.

 **미니 퀴즈**

• 민원이 들어가면 선생님의 정당한 교육 활동도 정서 학대로 간주될 수 있다. (O, ×)

• 교권 보호 5법은 학생의 권리를 우선 보장하기 위해 만들어졌다. (O, ×)

• 선생님의 교육권을 보호하기 위해 어떤 법이 만들어졌나요?

 **핵심어 뽑기** 기사에서 핵심어 3개를 뽑아 보세요.

 미니 논술 학부모 민원을 줄이기 위해 학교에서 해야 할 일은 무엇일까요?

학교 폭력이 생기면?

학교 폭력 문제가 생겼을 때, 서울시교육청이 새로운 방법을 시작한다고 해. 바로 '관계회복 숙려제'라는 거야. 이 제도에서는 문제가 생기자마자 곧바로 벌을 주어 해결하려 하지 않아. 그 대신, 서로의 관계를 다시 생각해 볼 시간을 먼저 주는 거지.

한 친구가 다른 친구를 힘들게 했을 때, 혹은 오해 때문에 사이가 멀어졌을 때, 학교는 두 친구가 따로 시간을 갖도록 해. 무엇이 문제였는지, 어떻게 하면 다시 친해질 수 있을지 천천히 돌아볼 수 있도록 도와주는 거야. 누구 한쪽만 잘못했다고 몰아세우지 않아. 대신 서로의 입장을 듣고 마음을 열 기회를 주는 거지.

관계회복 숙려제를 만든 가장 큰 이유는 처벌보다 관계회복이 더 중요하기 때문이야. 친구와의 사이가 회복되면, 학교생활도 더 즐거워지니까. 학교 폭력은 오해나 실수로 생길 때도 있어. 그래서 이 제도는 충분히 생각할 시간을 줘. 필요하면 선생님이나 전문가도 함께하면서 대화를 돕고, 다시 사이좋게 지내는 방법을 찾도록 도와줄 거야.

신고된 학교 폭력 중에는 사실 큰 문제가 아닌 경우도 많았어. 서울시교육청은 이 제도를 통해 친구들이 더 이상 상처받지 않기를 바라고 있어. 그리고 무엇보다, 서로를 존중하고 배려하는 마음을 학교 안에서 배울 수 있기를 기대하고 있어.

⭐ 기사에서 인상 깊은 부분에 밑줄을 긋고, 나의 느낌에 O표 하세요.

  좋아요   따뜻해요   화나요   슬퍼요 놀라워요   오, 알겠어요

시사 어휘

관계회복 숙려제
친구들 사이에 폭력 문제가 생겼을 때, 서로 관계를 다시 좋게 만들 수 있도록 충분히 생각할 시간을 주는 제도.

 **한 문장 요약** 단어를 넣어 문장을 완성해 보세요.

서울시교육청은 친구 사이의 갈등을 ㅊㅂ보다는 관계회복 중심으로 해결하기 위해 관계회복 숙려제를 시작한다.

 **미니 퀴즈**

• 학교 폭력이 생기면 무조건 먼저 벌을 주어야 한다. (○, ×)
• 관계회복 숙려제는 친구 사이의 오해나 갈등을 해결할 수 있는 시간을 주는 제도이다. (○, ×)
• 친구 사이의 갈등을 생각해보고 다시 잘 지낼 수 있도록 시간을 주는 이 제도의 이름은 무엇인가요?

 **핵심어 뽑기** 기사에서 핵심어 3개를 뽑아 보세요.

 미니 논술 학교에서 친구와의 갈등이나 다툼이 일어났을 때 어떻게 해결해야 할까요?

정답 **한 문장 요약** 처벌 **미니 퀴즈** X, O, 관계회복 숙려제
핵심어 예시 학교 폭력, 관계회복 숙려제, 처벌 등

초등학생들, 학군지로 몰리고 있어

'학군지'는 공부 잘하는 학교들이 모여 있는 동네를 말해. 많은 부모들이 아이의 교육을 위해 학군지로 이사 가고 싶어 하고 있어.

우리나라는 예전부터 교육열이 아주 높기로 유명해. 부모들은 아이가 좋은 학교에 다니면서 열심히 공부하고 훌륭한 사람으로 자라기를 바라지. 공부 잘하는 친구들과 함께 배우면서 성적도 올리고, 좋은 대학에 갔으면 하는 거야. 학군지에는 이름난 학교가 많아. 유명 학원들도 잔뜩 있어서 다양한 교육 기회를 얻을 수 있다고 생각해.

최근에는 '4세 고시', '7세 고시'라는 말도 나왔어. 어린아이들이 좋은 유치원이나 학원에 가려고 시험을 보거나 경쟁하는 걸 뜻해. 말 그대로, 4세, 7세부터 공부 경쟁에 뛰어드는 거지. 이런 현상 때문에 학군지로 이사 가려는 부모들의 바람은 더 커지고 있어.

하지만 문제가 많아. 학군지의 집값은 다른 지역보다 훨씬 비싸. 사람들이 몰리다 보니, 자연스럽게 집값도 오르는 거야. 또한 공부를 잘하는 아이들이 많이 모이다 보니, 학교나 학원에서도 경쟁이 아주 치열해. 아이들이 심한 경쟁 때문에 스트레스를 받거나, 공부에 흥미를 잃고 지쳐 버릴 수도 있어. 공부 외 활동을 할 시간도 부족하고, 다양한 친구들을 만날 기회도 줄어들지.

전문가들은 이렇게 말해. 무엇보다 중요한 건 아이들이 건강하고 행복하게 배우고 성장하는 것이라고 말이야.

⭐ 기사에서 인상 깊은 부분에 밑줄을 긋고, 나의 느낌에 O표 하세요.

좋아요 　 따뜻해요 　 화나요 　 슬퍼요 　 놀라워요 　 오, 알겠어요

시사 어휘

학군지
공부 잘하는 학교들이 많이 모여 있어서 교육 환경이 좋다고 여겨지는 지역.

 **한 문장 요약** 단어를 넣어 문장을 완성해 보세요.

많은 부모들이 좋은 교육을 바라는 마음으로 학군지로 이사하지만, 그로 인한 집값 상승과 <u>ㄱㅈ</u> 심화 같은 문제도 함께 나타나고 있다.

 **미니 퀴즈**

• 학군지는 공부를 잘하는 학교들이 모여 있는 동네를 말한다. (○, ×)

• 학군지에 가면 공부 외의 활동 시간이 더 많아지고, 다양한 친구를 만날 기회도 많다. (○, ×)

• 좋은 교육을 받기 위해 부모들이 이사하려는 동네를 무엇이라고 하나요?

 **핵심어 뽑기** 기사에서 핵심어 3개를 뽑아 보세요.

미니 논술 공부를 꼭 잘해야 할까요?

정답 **한 문장 요약** 경쟁 **미니 퀴즈** ○, ×, 학군지
핵심어 예시 학군지, 4세 고시, 7세 고시 등

디지털 교과서에 대한 의견이 분분

한 설문 조사에 따르면, 디지털 교과서가 학교 수업에 큰 도움이 안 된다는 의견이 많았어. 컴퓨터나 태블릿으로 공부하는 것이 미래 사회에 꼭 필요하다고 하지. 하지만 실제 수업 현장에서는 기대만큼 효과를 느끼지 못하는 거야.

가장 큰 문제는 기술적인 부분이야. 인터넷이 끊기거나, 태블릿 기기가 갑자기 느려져서 수업이 중간에 멈추는 일이 자주 생긴다는 거야. 수업 중 이런 문제가 생기면 아이들의 집중력이 흩어지고, 선생님도 당황해서 수업 흐름이 끊기지.

또, 수업 준비 시간이 더 오래 걸린다는 선생님들도 있어. 기능을 익히고, 수업 활용법을 고민하는 데 품이 많이 든다는 거야. 가장 중요한 건 아이들의 집중력 문제야. 수업 중 딴짓을 하거나, 게임 앱이나 다른 인터넷 페이지에 정신이 팔리는 경우가 많지. 선생님이 일일이 아이들의 화면을 확인할 수 없으니, 모두가 수업에 집중하게 만드는 것이 정말 어렵다고 해. 화면을 오래 봐서 눈이 아프다는 학생들도 있어.

어떤 선생님들은 아직은 종이책이 수업에 더 효과적이라고 해. 필기하기도 편하고 책 전체를 눈으로 훑어보며 내용을 파악하는 게 더 쉽다는 거야.

교육부에서는 선생님들의 의견을 잘 듣고, 디지털 교과서가 아이들의 공부에 도움이 되도록 보완해야 해. 기술적 어려움을 해결하고, 선생님들이 쉽게 활용할 수 있도록 돕는 것. 그게 지금 가장 중요한 일일 거야.

⭐ 기사에서 인상 깊은 부분에 밑줄을 긋고, 나의 느낌에 O표 하세요.

| 좋아요 | 따뜻해요 | 화나요 | 슬퍼요 | 놀라워요 | 오, 알겠어요 |

시사 어휘

디지털 교과서
컴퓨터나 태블릿 등 전자 기기에서 볼 수 있고 동영상·퀴즈 등 다양한 학습을 할 수 있는 전자 교과서.

 **한 문장 요약** 단어를 넣어 문장을 완성해 보세요.

ㄷㅈㅌ 교과서는 기술 문제와 아이들의 집중력 저하로, 아직 수업에 큰 도움이 되지 않는 것으로 나타났다.

 **미니 퀴즈**

• 디지털 교과서는 인터넷 끊김과 기기 느려짐 문제를 자주 겪는다. (○, ×)
• 학생들이 디지털 교과서를 사용하면 화면을 오래 봐도 눈이 편안하다. (○, ×)
• 디지털 교과서 사용 시 학생들이 주로 겪는 문제는 무엇인가요?

 **핵심어 뽑기** 기사에서 핵심어 3개를 뽑아 보세요.

 **미니 논술** 디지털 교과서와 종이 교과서 중 어떤 것이 수업에 더 효과적일까요?

 정답 **한 문장 요약** 디지털 **미니 퀴즈** O, X, 인터넷 끊김과 집중력 저하
핵심어 예시 디지털 교과서, 집중력, 종이책 등

4살 유아도 스마트폰 중독된다고?

요즘 영유아들이 스마트폰에 빠지는 사례가 늘고 있어. 스마트폰에 중독되면 여러 가지 모습이 나타나지. 예를 들어, 스마트폰을 뺏으면 울면서 심하게 불안해 하기도 해. 블록, 그림, 공놀이 같은 활동에는 관심을 보이지 않고 오로지 스마트폰만 찾는 아이도 많아.

화면만 보면서 일방적으로 정보를 받아들이다 보니, 엄마, 아빠와 눈을 맞추고 대화할 기회가 줄어들어. 말을 배우는 속도가 느려질 수 있지. 또 밤늦게까지 스마트폰을 보면 뇌가 계속 깨어 있어서, 잠들기 어렵거나 깊은 잠을 못 잘 수도 있대. 눈이 쉽게 피로해지고, 시력에도 안 좋은 영향을 줘.

어린아이들이 스마트폰에 빠지지 않도록 부모님들이 노력해야 해. 스마트폰을 사용하는 시간과 장소를 미리 정하고, 그 약속을 지키는 것이 중요해. 예를 들어, 밥 먹을 때는 보지 않기, 하루 30분만 사용하기 같은 거야. 스마트폰 대신 아이가 흥미를 느낄 수 있는 다른 활동을 제안해 주는 것도 좋아. 그림책 읽기, 몸 놀이, 산책, 블록 쌓기 등 나이에 맞는 활동을 함께 하면 더 좋아. 부모님이 스마트폰을 너무 자주 보는 모습을 보여 주지 않는 것도 중요해.

스마트폰은 편리한 도구이지만, 아직 스스로 조절하는 능력이 부족한 어린아이에게는 꼭 그렇지 않아. 우리 아이들이 스마트폰의 부정적인 영향에서 벗어나 건강하고 행복하게 자랄 수 있도록, 부모님의 따뜻한 관심과 노력이 필요해.

⭐ 기사에서 인상 깊은 부분에 밑줄을 긋고, 나의 느낌에 O표 하세요.

 좋아요   따뜻해요   화나요   슬퍼요   놀라워요   오, 알겠어요

시사 어휘

스마트폰 중독
스마트폰 사용을 스스로 조절
하지 못해 일상생활에 어려움
을 겪는 상태.

 **한 문장 요약** 단어를 넣어 문장을 완성해 보세요.

스마트폰에 중독되는 ㅇㅇㅇ가 늘
고 있어 부모들의 관심과 규칙적인
사용 지도가 필요하다.

 **미니 퀴즈**

- 스마트폰을 오래 보면 아이의 수면 습관과 눈 건강에도 영향을 줄 수 있다. (○, ×)
- 스마트폰을 많이 보면 아이의 말 배우는 속도가 더 빨라진다. (○, ×)
- 스마트폰 대신 아이에게 제안해 줄 수 있는 활동 한 가지는 무엇인가요?

 **핵심어 뽑기** 기사에서 핵심어 3개를 뽑아 보세요.

미니 논술 밥 먹을 때 스마트폰 사용, 괜찮을까요?

 정답 **한 문장 요약** 영유아 **미니 퀴즈** ○, ×, 블록 쌓기, 그림책 읽기, 몸 놀이, 산책 등
핵심어 예시 영유아, 스마트폰 중독, 놀이 등

달의 자원을 지구로 가져올 수 있다

미국 항공우주국(NASA)에서 일하는 한국인 박사가 달과 화성에 있는 자원을 이용하는 방법에 대해 말했어.

달에는 '헬륨-3'이라는 아주 귀한 자원이 있어. 이 자원으로 많은 에너지를 만들 수 있대. 만약 계획대로 잘 진행된다면, 10년 안에 헬륨-3을 지구로 가져올 수 있다고 해. 또 달 표면의 흙에는 산소, 규소, 마그네슘 같은 자원도 있어. 화성 대기에는 이산화탄소가 있는데, 이걸 모으면 산소나 메탄, 수소 같은 중요한 자원을 만들 수 있지.

이 자원을 찾으려면 '총알형 마이크로 분광계'라는 특별한 장비가 필요해. 작은 총알처럼 생긴 이 장비를 달이나 화성에 쏘아 보내면, 그곳에 어떤 자원이 있는지 알아낼 수 있대. 자원을 찾아내면, 태양 에너지를 이용해서 자원을 나누고 모으는 것이지. 특히 헬륨-3은 진공 상태에서 다뤄야 해서 '베셀 튜브'라는 특별한 장비를 사용한다고 해. 이 장비로 헬륨-3과 달에 있는 다른 가스도 모을 수 있어.

자원이 달과 화성에만 있는 게 아니야. 소행성에도 자원이 많지만, 소행성은 중력이 약해서 자원을 모으기 어려워.

우리나라도 달과 화성의 자원 탐사를 준비하고 있어. 2032년에 달에 착륙해 자원을 모으고, 2045년에는 화성 착륙을 목표로 하고 있지.

⭐ 기사에서 인상 깊은 부분에 밑줄을 긋고, 나의 느낌에 O표 하세요.

 좋아요　　 따뜻해요　　 화나요　　 슬퍼요　　 놀라워요　　 오, 알겠어요

시사어휘

헬륨-3
달에 많이 묻혀 있는 특별한 자원으로 핵융합 발전의 연료로 쓰일 수 있음.

한 문장 요약  단어를 넣어 문장을 완성해 보세요.

NASA의 한국인 박사가 달과 화성에서 우주 ㅈㅇ을 확보하는 방법을 말했고, 우리나라도 준비한다고 한다.

미니 퀴즈

• 달의 헬륨-3 자원은 100년 안에 지구로 가져올 수 있을 것으로 예상된다. (O, ×)

• 총알형 마이크로 분광계는 달이나 화성의 자원을 분석하는 데 사용되는 장비다. (O, ×)

• 화성 대기에서 산소나 메탄, 수소를 만들 수 있는 자원은 무엇일까요?

핵심어 뽑기 기사에서 핵심어 3개를 뽑아 보세요.

미니 논술  달과 화성에서 얻은 자원을 어떻게 공정하게 나눌 수 있을까요?

정답 **한 문장 요약** 자원 **미니 퀴즈** ×, O, 이산화탄소
핵심어 예시 달 자원, 헬륨-3, 베셀 튜브 등

말레이시아, 전자 폐기물 불법 수입

말레이시아가 매달 불법으로 들어오는 전자 쓰레기 때문에 골치를 앓고 있어. 전문가들은 불법 쓰레기를 막는 법이 있긴 하지만, 이보다 더 강력한 대책이 필요하다고 해.

말레이시아에는 매달 전자 쓰레기가 담긴 큰 컨테이너가 1,000개 이상 들어오고 있어. 중국이 2018년부터 전자 쓰레기 수입을 중단하면서 쓰레기들이 말레이시아로 몰리는 거야. 선진국들이 전자 쓰레기를 개발도상국으로 보내는 경우가 많아서 그래.

전 세계 전자 쓰레기의 60~90%는 선진국에서 나와. 이 쓰레기들이 불법적으로 개발도상국으로 수출되는 거지. 말레이시아의 '환경품질법'에 따르면 불법 전자 쓰레기를 수입하면 벌금을 내거나, 감옥에 갈 수도 있어. 그럼에도 불구하고 몰래 쓰레기를 들여오는 사람들이 있는 거야. 전자 쓰레기를 알루미늄이나 고철로 속여서 들여오기도 해.

몰래 수입하는 것을 막을 방법은 사실 부족하고, 사람들은 점점 교묘하게 숨기기 때문에, 이를 찾아내기는 쉽지 않아. 말레이시아에는 약 200곳의 불법 전자 쓰레기 분류 공장이 있어. 이곳에서 약 3천 명의 직원이 일하고 있지. 쓰레기에서 금속을 따로 빼내서 돈을 벌 수 있기 때문에 불법 활동이 계속되는 거야.

말레이시아의 환경 운동가는 이렇게 말했어. "이 쓰레기는 일부 사람에게는 이득이 될지 모르지만, 장기적으로 환경과 우리 모두의 건강에 큰 문제를 일으킵니다. 그러니 빨리 해결해야만 합니다."

⭐ 기사에서 인상 깊은 부분에 밑줄을 긋고, 나의 느낌에 O표 하세요.

 좋아요　 따뜻해요　 화나요　 슬퍼요　 놀라워요　 오, 알겠어요

시사 어휘

전자 폐기물
더 이상 사용하지 않거나 고장이 나서 버려지는 휴대폰, 컴퓨터, 가전제품 등 모든 종류의 전기 및 전자 제품.

한 문장 요약 단어를 넣어 문장을 완성해 보세요.

말레이시아가 선진국에서 불법으로 들여오는 많은 ㅈㅈ 폐기물로 환경 및 건강 문제를 겪고 있다.

미니 퀴즈

• 말레이시아로 들어오는 전자 쓰레기는 주로 개발도상국에서 수출된다.
(O , ×)

• 말레이시아에는 불법 전자 쓰레기 수입을 막을 수 있는 법이 이미 있다.
(O , ×)

• 중국이 수입을 중단하면서 전자 쓰레기가 대량으로 유입되기 시작한 나라는 어디일까요?

핵심어 뽑기 기사에서 핵심어 3개를 뽑아 보세요.

미니 논술 전자 쓰레기를 개발도상국으로 불법 수출하는 것을 어떻게 막을 수 있을까요?

정답 **한 문장 요약** 전자 **미니 퀴즈** X, O, 말레이시아
핵심어 예시 전자 쓰레기, 말레이시아, 개발도상국 등

화성에서 물 발견!

미국 캘리포니아대 연구팀이 화성 지하에 꽤 많은 물이 있을 가능성을 말했어. 그 양은 화성 전체를 약 1.6km 깊이로 덮을 수 있을 정도라고 해. 이 연구 결과는 국제학술지 '미국국립과학원회보(PNAS)'에 실렸어.

연구팀은 2018년부터 2022년까지 화성에서 활동한 미항공우주국(NASA)의 무인 탐사선이 보내 준 모든 자료를 분석했어. 이들은 약 4년 동안 화성에서 일어난 지진을 연구했지. 지진이 만들어 낸 지진파 자료를 살펴보면서 화성 내부가 어떻게 생겼는지, 어떤 구조인지 짐작할 수 있었어. 연구에 따르면, 화성 지하 11.5~20km 사이에 물이 있을 가능성이 크다고 해.

또 연구팀은 화성에 생명체가 있을 가능성도 이야기했어. 연구를 이끈 교수는 화성에 생명체가 있다는 직접적인 증거는 없지만, 생명이 살 수 있는 환경일 수 있다고 말했어. 지구 깊은 바닷속에도 미생물이 사는 것처럼, 화성 지하도 습기가 많아서 미생물이 살 수 있다는 거야.

사실 화성에서 액체 상태의 물이 있을 거라는 추측이 이번이 처음은 아니야. 2018년에는 이탈리아 연구팀이 화성 남극 지하 1.5km 깊이에 큰 호수가 존재할 수 있다고 발표했어. 그 연구는 유럽우주국(ESA)의 화성 탐사선 '마스 익스프레스'가 모은 자료를 바탕으로 진행되었지.

⭐ 기사에서 인상 깊은 부분에 밑줄을 긋고, 나의 느낌에 O표 하세요.

좋아요　　따뜻해요　　화나요　　슬퍼요　　놀라워요　　오, 알겠어요

시사 어휘

무인 탐사선
사람이 타지 않고 원격으로 조종되거나 스스로 움직이며 우주나 행성 등을 탐험하고 자료를 보내오는 장비.

 **한 문장 요약**　단어를 넣어 문장을 완성해 보세요.

미국 캘리포니아대 연구팀이 화성 지하에 1.6km 깊이로 화성 전체를 덮을 만큼의 ㅁ과 생명체가 있을 가능성을 제기했다.

 미니 퀴즈

• 미국 캘리포니아대 연구팀은 2018년에 화성 지하에 물이 있을 가능성을 처음으로 발표했다. (O, ×)
• 화성 지하에 있는 물의 양은 화성 전체를 약 1.6km 깊이로 덮을 수 있을 정도다. (O, ×)
• 이 연구 결과가 실린 국제학술지의 이름은 무엇일까요?

 **핵심어 뽑기**　기사에서 핵심어 3개를 뽑아 보세요.

 **미니 논술**　화성 지하에 물과 생명체가 발견된다면 인류에게 어떤 의미가 있을까요?

 정답　**한 문장 요약** 물　**미니 퀴즈** X, O, 미국국립과학원회보(PNAS)
　　핵심어 예시 화성 지하, 물 발견, 화성 생명체 등

사람의 동작을 따라 하는 로봇

사람의 동작을 실시간으로 따라 하는 휴머노이드 로봇이 개발되어 화제가 되고 있어. 카메라 앞에 선 사람이 팔이나 다리, 몸통을 움직이면 이 로봇도 똑같이 따라 해. 이제 위험한 일이나 힘든 일을 로봇이 대신할 수 있을 것으로 보여.

이 로봇은 미국 스탠퍼드대 연구진이 만들었는데, 이름은 '휴먼플러스'야. 겉모습이 사람과 비슷하고, 중국에서 만든 로봇을 더 발전시켜서 만든 거라고 해. 키는 약 180cm야.

휴먼플러스에는 사람의 동작 관련 자료가 입력되어 있고, 인공지능(AI)으로 40시간 훈련시킨 결과 사람의 움직임을 따라 할 수 있게 되었다고 해. 사람이 휴먼플러스와 연결된 카메라 앞에서 몸을 움직이면 로봇도 하나하나 그대로 따라 하는 거야. 물건을 옮기거나, 손가락을 움직이거나, 공을 치거나, 컴퓨터 키보드를 치는 일도 모두 따라 할 수 있어. 휴먼플러스는 앞으로 여러 곳에서 쓰일 것으로 기대되고 있어.

특히 위험한 곳에 들어가 일하거나, 사람을 구조할 수 있어. 미래에는 달에 가서 자원을 가져오는 일도 가능하지. 사람은 안전한 곳에서 원격으로 지시만 하면 로봇이 정해진 일을 수행할 수 있는 거야.

사람의 동작을 따라 하다가 나중에는 스스로 움직일 수도 있을 거라니, 여러 면에서 활용도가 높을 것으로 기대돼.

⭐ 기사에서 인상 깊은 부분에 밑줄을 긋고, 나의 느낌에 O표 하세요.

좋아요

따뜻해요

화나요

슬퍼요

놀라워요

오, 알겠어요

시사 어휘

휴머노이드
사람의 모습과 행동을 닮게 만든 로봇.

한 문장 요약 단어를 넣어 문장을 완성해 보세요.

미국 스탠퍼드대 연구진이 개발한 로봇 ㅎㅁㅍㄹㅅ가 위험하거나 힘든 작업 등 다양한 분야에서 활용될 것으로 기대되고 있다.

미니 퀴즈

- 휴먼플러스는 스스로 생각하고 움직이는 인공지능 로봇이다. (O, ×)
- 휴먼플러스는 달에 가서 자원을 가져오는 일도 할 수 있을 것으로 기대된다. (O, ×)
- 휴먼플러스 로봇을 만든 대학교는 어디일까요?

핵심어 뽑기 기사에서 핵심어 3개를 뽑아 보세요.

미니 논술 사람의 동작을 따라 하는 로봇이 많아지면 우리 생활은 어떻게 바뀔까요?

정답 **한 문장 요약** 휴먼플러스 **미니 퀴즈** X, O, 스탠퍼드대
핵심어 예시 휴머노이드 로봇, 휴먼플러스, 인공지능 등

149

시베리아에서 1만 년 넘은 털코뿔소 발견

시베리아에서 금을 캐던 광부들이 1만 년 이상 잘 보존된 털코뿔소를 발견했어. 해외 과학 매체와 언론에 따르면, 살아 있을 때 모습 그대로 러시아 콜리마의 한 채석장(돌을 캐내는 곳)에서 발견되었다고 해.

이 털코뿔소는 뿔과 피부가 그대로 남아 있어서 저절로 미라가 된 거야. 털코뿔소 연구팀 중 한 명은 최근에 그곳에서 뿔을 가져왔다고 말했어. 나머지도 몇 달 안에 모두 가지고 나올 거래.

피부까지 남아 있는 털코뿔소가 발견된 것은 이번이 다섯 번째야. 조직을 연구하면, 그때 동물들이 어떤 모습으로 살았고, 또 어떻게 죽었는지 알 수 있을 거야.

털코뿔소가 털과 살이 남아 있는 채로 발견된 이유는 시베리아가 영구동토층이기 때문이야. 영구동토층은 1년 중 반 이상, 즉 6개월 이상 땅이 0도 이하로 얼어붙은 곳을 뜻해. 최근에는 기후변화 때문에 영구동토층도 녹고 있긴 하지만 말이야.

러시아의 한 대학에서는 약 4만 년 전에 살았던 늑대를 발견해서 부검하기도 했어. 이 늑대도 시베리아 영구동토층에서 발견되었는데, 털과 뼈, 장기, 이빨이 매우 잘 보존되어 있었다고 해.

이번에 발견된 털코뿔소는 약 30만 년 전 북부 유라시아에 처음 나타난 동물이야. 마지막 빙하기가 끝나면서 살 곳이 사라져 결국 멸종된 거야.

⭐ 기사에서 인상 깊은 부분에 밑줄을 긋고, 나의 느낌에 O표 하세요.

좋아요 　　 따뜻해요 　　 화나요 　　 슬퍼요 　　 놀라워요 　　 오, 알겠어요

시사 어휘

영구동토층
1년 중 절반 이상이 얼어붙어 있는 땅으로, 기후변화 때문에 조금씩 줄어들고 있음.

 **한 문장 요약** 단어를 넣어 문장을 완성해 보세요.

시베리아 영구동토층에서 1만 년 이상 잘 보존된 ㅌㅋㅃㅅ 미라가 발견되었다.

 **미니 퀴즈**

• 털코뿔소는 마지막 빙하기가 끝나면서 멸종되었다. (O, ×)
• 영구동토층은 1년 중 6개월 이상이 0도 이하로 얼어붙은 곳이다. (O, ×)
• 털코뿔소는 어디에서 발견되었나요?

 **핵심어 뽑기** 기사에서 핵심어 3개를 뽑아 보세요.

미니 논술 멸종된 동물의 유전자를 복원하여 살리는 것에 대해 어떻게 생각하나요?

정답 **한 문장 요약** 털코뿔소 **미니 퀴즈** O, O, 시베리아(러시아 콜리마)
핵심어 예시 시베리아, 털코뿔소, 늑대 등

수컷 초파리, 안전보다 사랑이 중요

영국의 한 대학에서 재미있는 연구 결과가 나왔어. 수컷 초파리가 짝짓기를 할 때 뇌를 관찰하고 밝혀낸 놀라운 사실이야. 초파리 수컷은 짝짓기가 가까워지면 주변의 위험을 거의 못 느꼈다고 해. 이는 뇌에서 나오는 '도파민'이라는 화학물질 때문이야.

우리는 어떤 결정을 할 때, '이게 기회일까? 위험할까?' 하고 고민하잖아. 연구팀은 그 판단에 도파민이 중요한 역할을 한다는 걸 알아낸 거야.

연구팀은 초파리 수컷이 짝짓기를 하는 동안 뇌 속 신경세포를 관찰했어. 위협을 느끼는 상황을 만들기 위해, 빛과 그림자를 사용해서 가짜 위험을 보여 주었지. 그랬더니 짝짓기 초반에는 '세로토닌'이라는 물질이 나와서 초파리가 위험을 피하는 행동을 했어. 그런데 짝짓기 시간이 지날수록 도파민이 점점 많이 나왔어. 그 결과 초파리는 위험을 거의 느끼지 못하고, 짝짓기에만 집중했다고 해.

어느 박사는 이를 등산에 비유했어. "등산하는 도중 날씨가 나빠져도, 정상에 거의 다 왔다고 느끼면 우리는 계속 올라갑니다. 초파리도 이와 같습니다."

앞으로 다른 동물들은 어떻게 행동하는지 더 관찰할 거라고 해. 이번 연구는 도파민이 위험을 못 느끼게 하고, 지금 꼭 하고 싶은 일에만 집중하게 한다는 걸 밝혀낸 점에서 중요해.

⭐ 기사에서 인상 깊은 부분에 밑줄을 긋고, 나의 느낌에 O표 하세요.

 좋아요　　 따뜻해요　　 화나요　　 슬퍼요　　 놀라워요　　 오, 알겠어요

시사 어휘

도파민
뇌에서 만들어지는 화학물질로, 즐거움, 보상, 동기 부여, 움직임 등과 관련된 역할을 함.

한 문장 요약

단어를 넣어 문장을 완성해 보세요.

수컷 초파리는 짝짓기할 때 ㄷㅍㅁ 분비 때문에 주변 위험을 감지하지 못하고 목표에만 집중한다는 사실이 밝혀졌다.

미니 퀴즈

- 초파리는 짝짓기 초반에 도파민이 나와 위험을 피하려 행동한다. (O, ×)
- 이 연구는 인간의 행동 연구에는 전혀 도움이 되지 않는다. (O, ×)
- 초파리가 위험을 느끼지 못하게 하고 짝짓기에만 집중하게 만든 물질은 무엇인가요?

핵심어 뽑기

기사에서 핵심어 3개를 뽑아 보세요.

미니 논술

동물 연구가 인간의 행동이나 뇌 기능을 이해하는 데 왜 중요할까요?

정답 **한 문장 요약** 도파민 **미니 퀴즈** X, X, 도파민
핵심어 예시 도파민, 짝짓기, 세로토닌 등

고래, 먼 거리 연애의 비밀

고래들이 100킬로미터 이상 떨어진 곳에서도 서로 신호를 주고받으며 행동을 맞춘다는 사실이 관찰됐어. 이렇게 먼 거리에서도 음파로 소통할 수 있다는 것을 직접 확인한 거야. 일본의 한 대학과 연구소가 북극고래 12마리를 144일 동안 관찰한 결과야. 이 연구 결과는 국제 학술지에도 발표될 예정이야.

북극고래는 몸무게가 100톤 이상 되는 엄청 큰 동물이야. 추운 바다에서 무리 지어 살고, 계절에 따라 이동하지. 주로 갑각류와 플랑크톤을 먹지만, 정확히 어떻게 먹이를 찾는지는 아직 알려지지 않았어.

연구팀은 고래들의 잠수 행동과 먹이 찾는 행동이 어떤 관련이 있는지 알아보려고 했어. 그러던 중 북극고래 두 마리가 1주일 동안 같은 시간에 바닷속으로 잠수하는 모습이 포착됐대. 둘은 때로는 100킬로미터 넘게 떨어져 있었지만, 언제나 같은 시간에 동시에 잠수하는 행동을 계속했어. 이것을 본 연구자들은 고래 두 마리가 다이빙 시합을 하는 것처럼 보였다고 했지. 물론, 정말로 둘이 서로 신호를 주고받았는지는 정확히 확인하기 어려웠어.

사실 고래가 먼 거리에서도 신호를 주고받을 수 있다는 얘기는 1970년대부터 있었어. 그래서 이번 관찰이 그것을 증명하는 결정적인 장면일 수 있다고 기대하고 있어. 이번 연구는 생체 음향학 분야에도 새로운 기록이 될 수 있을 거라고 해.

⭐ 기사에서 인상 깊은 부분에 밑줄을 긋고, 나의 느낌에 O표 하세요.

좋아요   따뜻해요   화나요   슬퍼요   놀라워요   오, 알겠어요

시사 어휘

생체 음향학
생물이 소리를 내고 듣는 방식, 그리고 이 소리가 어떻게 행동이나 환경과 연결되는지를 연구하는 학문.

 **한 문장 요약** 단어를 넣어 문장을 완성해 보세요.

북극고래들이 100km 이상 떨어진 거리에서도 ㅇㅍ로 서로 신호를 주고받아 행동을 맞추는 것이 관찰되었다.

 **미니 퀴즈**

• 북극고래는 주로 물고기를 먹고 살아가는 동물이다. (O, ×)

• 이번 연구를 통해 고래가 먼 거리에서도 음파로 신호를 주고받을 수 있다는 사실이 확인된 것이다. (O, ×)

• 연구팀이 북극고래들을 며칠 동안 관찰했나요?

 **핵심어 뽑기** 기사에서 핵심어 3개를 뽑아 보세요.

 **미니 논술** 고래를 보호하기 위해 우리가 할 수 있는 일에는 어떤 것들이 있을까요?

정답 **한 문장 요약** 음파 **미니 퀴즈** X, O, 144일
핵심어 예시 고래, 신호, 잠수 행동 등

꿈을 기억하려면 어떻게 할까?

꿈을 잘 기억하는 사람이 있고, 그렇지 않은 사람이 있어. 꿈이 기억나지 않는다고 걱정할 필요는 없어. 사실은 꿈을 꾸고 나서 잊어버리는 게 더 자연스러운 거야.

우리가 잘 때 뇌 전체가 다 잠드는 건 아니야. 뇌 속에는 '해마'라는 중요한 부분이 있어. 해마는 우리가 보고 들은 걸 기억하게 도와주는 역할을 해. 그런데 잠자는 동안 해마가 충분히 활동하지 않아서 꿈을 잘 기억하지 못하는 거야.

신기한 사실이 하나 있어. 꿈을 잘 기억하는 사람은 자다가 자주 깨는 편이야. 이런 사람들은 자다가 깨 있는 시간이 평균 2분쯤이야. 반면에 꿈을 잘 기억 못하는 사람들은 1분 정도만 깨어 있대. 그런데 잠에서 깨어나 뇌가 기억을 떠올리는 데 최소 2분은 걸려. 자주 깨는 사람이 꿈을 기억하는 이유인 거야.

우리가 잠잘 때는 아세틸콜린과 노르아드레날린이라는 두 가지 물질이 줄어들어. 이 두 물질은 우리가 새로운 걸 기억하는 데 도움을 줘. 잠잘 때는 이 물질들이 줄어들어서 꿈을 잘 기억하지 못하는 거야.

꿈을 더 잘 기억하고 싶다면 어떻게 해야 할까? 잠자리에 들기 전에 물을 조금 마셔 보라는 얘기도 있어. 또, 누워서 '난 꿈을 기억할 거야.' 하고 계속 생각해 봐. 잠에서 깨어나자마자 꿈이 떠오르면 바로 적어 봐. 이렇게 꿈을 떠올리려고 노력하는 것만으로도 도움이 된다고 해. 꿈 일기를 써 보는 것도 좋아.

⭐ 기사에서 인상 깊은 부분에 밑줄을 긋고, 나의 느낌에 O표 하세요.

좋아요   따뜻해요   화나요   슬퍼요   놀라워요   오, 알겠어요

시사 어휘

해마
새로운 기억을 만들고 저장하는 아주 중요한 역할을 하는 뇌 속의 기관.

한 문장 요약 단어를 넣어 문장을 완성해 보세요.

사람들은 대부분 잠자는 동안 뇌 속 ㅎㅁ의 기능 부족으로 꿈을 잘 기억하지 못하지만, 자기 전 물을 마시면 더 잘 기억할 수도 있다.

미니 퀴즈

- 우리가 꿈을 기억하지 못하는 것은 뇌의 해마가 잠자는 동안 충분히 활동하지 않기 때문이다. (○, ×)
- 꿈을 잘 기억하는 사람들은 잠 자는 동안 거의 깨지 않고 푹 잔다. (○, ×)
- 새로운 걸 기억하는 데 도움을 주는 물질 두 가지를 써요.

핵심어 뽑기 기사에서 핵심어 3개를 뽑아 보세요.

미니 논술 꿈을 기억했을 때의 좋은 점, 안 좋은 점을 떠올려 써요.

정답 **한 문장 요약** 해마 **미니 퀴즈** ○ , X, 아세틸콜린, 노르아드레날린
핵심어 예시 꿈, 해마, 기억 등

일본, 달에 갈 수 있을까?

　일본의 우주 회사인 아이스페이스가 또다시 달에 착륙하려고 해. 지난번 실패했지만, 이번에는 꼭 성공해서 세계에서 두 번째로 달에 착륙한 민간 회사가 되려는 거야.

　달 착륙선 이름은 레질리언스야. 로봇 모양으로 생겼고, 우주 방사선으로부터 사람을 지켜 줄 수 있도록 설계됐어. 물을 만들거나 작물을 키우는 장치도 갖추고 있지. 레질리언스에는 아주 작은 달 탐사 차인 티네이셔스도 실렸어. 티네이셔스는 레질리언스에서 내려 달의 흙을 채취할 거라고 해. 그렇게 모은 흙은 미국 항공우주국(NASA)에 팔 거야.

　요즘은 이렇게 국가가 아닌 민간 기업도 우주에 도전하고 있어. 미국의 일론 머스크가 만든 스페이스X가 바로 첫 번째 기업이지. 스페이스X는 2012년 처음으로 우주정거장에 화물을 보냈고, 2020년에는 사람을 태운 우주선도 쏘아 올렸어. 2021년에는 일반인 4명이 우주에 다녀오기도 했지.

　같은 해에 다른 기업들도 우주에 도전했어. 아마존의 제프 베이조스는 블루오리진이라는 회사를 통해 직접 우주선을 타고 우주를 다녀왔어. 리처드 브랜슨이라는 사람은 버진 갤럭틱이라는 회사를 만들고, 자신이 직접 우주 비행을 했어. 이들은 모두 아주 짧은 시간 무중력 상태를 경험하고 다시 돌아왔어. 이제 우주는 기업들도 갈 수 있는 곳이 된 거야.

　앞으로는 우주 관광이 시작될 수도 있고, 우주에서 사는 방법을 찾게 될 수도 있어. 우주 개발 기술이 점점 발전하고 있으니, 어떤 미래가 펼쳐질지 기대하는 사람도 많아.

⭐ 기사에서 인상 깊은 부분에 밑줄을 긋고, 나의 느낌에 O표 하세요.

 좋아요　　 따뜻해요　　 화나요　　 슬퍼요　　 놀라워요　　 오, 알겠어요

달 착륙선
달에 착륙하도록 만들어진 우
주선.

단어를 넣어 문장을 완성해 보세요.

일본 민간 우주 회사 ㅇㅇㅅㅍㅇ
ㅅ가 달 착륙에 재도전하고, 달 자
원 판매를 준비하는 등 이제는 민
간 기업들도 우주 개발에 뛰어들고
있다.

- 일본 민간 우주 회사 아이스페이스는 이번에 처음으로 달 착륙에 도전하
는 것이다. (○, ×)
- 달 착륙선 레질리언스에 실린 작은 달 탐사 차 티네이셔스는 달 토양을 채
취해서 미국 항공우주국에 판매할 계획이다. (○, ×)
- 미국 일론 머스크가 만들었으며, 우주에 도전하고 있는 회사는 어디일까요?

기사에서 핵심어 3개를 뽑아 보세요.

우주 관광은 사람들에게 과연 좋은 걸까요? 이유와 함께 생각을 써요.

전기 비행 택시, 곧 볼 수 있어

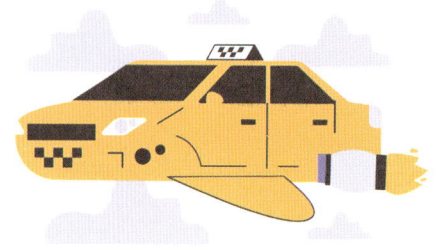

2028년쯤 미국 올림픽에서 하늘을 나는 전기 비행 택시를 볼 수 있을지도 몰라. 하늘을 나는 교통수단이 등장했어. 이름은 전기 비행 택시, 또는 도심항공모빌리티(UAM)라고 해. 전기로 움직이고, 위로 솟아올랐다가 아래로 내려오는 작은 비행기야.

많은 사람들이 이 비행 택시에 큰 기대를 하고 있어. 하늘을 날면 도로에서 보내는 시간을 줄일 수 있으니까. 게다가 기름 대신 전기로 움직이니 매연도 안 나오지. 태양이나 바람 같은 깨끗한 에너지를 쓰면 환경에도 더 좋을 거야. 소음이 적은 것도 장점이야. 헬리콥터처럼 시끄럽지 않거든. 그리고 하늘을 나는 색다른 경험을 할 수 있다는 것도 많은 사람들의 관심을 끌고 있어.

이 비행 택시는 여러 개의 작은 프로펠러를 달고 있어. 그래서 헬리콥터처럼 위로 뜨고 내릴 수 있고, 비행기처럼 앞으로 빠르게 날아갈 수 있어. 처음에는 사람이 직접 조종하겠지만, 나중에는 스스로 움직이는 자율 비행 기능도 생길 거야.

물론 하늘을 나는 거니까 안전이 중요하지. 사고가 나지 않도록 꼼꼼히 점검해야 해. 요금도 너무 비싸지 않게 정하려고 해. 오래 날 수 있도록 배터리 성능도 좋게 만들어야겠지. 또 어디서 뜨고 내릴지도 정해야 해. 그걸 '버티포트'라고 불러. 도시 곳곳에 버티포트를 만드는 일이 아주 중요해. 머지않아 도심 하늘을 날아다니는 전기 비행 택시를 진짜로 보게 될 거야.

⭐ 기사에서 인상 깊은 부분에 밑줄을 긋고, 나의 느낌에 O표 하세요.

좋아요　　따뜻해요　　화나요　　슬퍼요　　놀라워요　　오, 알겠어요

시사 어휘

전기 비행 택시
전기 동력을 이용해서 수직으로 뜨고 내릴 수 있는, 주로 도시에서 사람을 태우고 다니는 작은 비행기.

 **한 문장 요약**   단어를 넣어 문장을 완성해 보세요.

전기 비행 택시는 교통 체증과 환경 문제를 해결해 주지만, ㅂㅌㅍㅌ 같은 착륙 시설 마련 등의 문제도 해결해야 한다.

 **미니 퀴즈**

• 전기 비행 택시는 휘발유나 경유를 사용해서 매연을 내뿜는다. (○, ×)
• 전기 비행 택시는 헬리콥터보다 소음이 적어 도시에서 사용하기 좋다. (○, ×)
• 전기 비행 택시가 뜨고 내리는 전용 장소를 무엇이라고 부르나요?

 **핵심어 뽑기**   기사에서 핵심어 3개를 뽑아 보세요.

미니 논술   전기 비행 택시가 생긴다면 가장 먼저 타야 하는 사람은 누구라고 생각하나요?

벌처럼 나는 작은 로봇이라니!

하버드대학교에서 아주 특별한 로봇을 만들었어. 이름은 '로보비(RoboBee)'야. 이름처럼 진짜 벌처럼 작고, 날아다니는 로봇이지. 크기는 손톱만 하고, 무게는 종이 한 장보다 가벼워. 날개를 빠르게 파닥이며, 실제 곤충처럼 공중에 뜰 수 있어.

로보비를 만든 이유 중 하나는 구조 활동을 위해서야. 지진이나 건물 붕괴 같은 재난이 일어나면 사람이 들어갈 수 없는 좁고 위험한 곳이 많아. 그런데 로보비는 작아서 그런 틈 사이로 날아갈 수 있어. 사람을 찾거나, 위험한 상황을 살필 수 있지.

농사에도 쓸 수 있어. 요즘 벌이 점점 줄어들고 있잖아. 벌이 없으면 꽃가루를 옮기지 못해서 과일이나 채소가 잘 자라지 않아. 로보비가 벌 대신 꽃가루를 옮기는 인공 수분 역할을 하는 거야.

자연 관찰에도 도움이 돼. 늪지대나 산속, 바다 근처는 사람이 가기 어렵고, 큰 기계는 불편해. 그런 곳에 로보비를 보내면, 환경을 조사하거나 동물들을 조용히 지켜볼 수 있어.

과학 연구 목적으로도 쓰여. 곤충처럼 나는 로봇을 만들어 보면서, 자연의 비행 원리를 연구하는 거야. 곤충이 어떻게 그렇게 빠르고 정확하게 날 수 있는지 알고 싶었던 거지. 이런 연구는 앞으로 새로운 기술을 만드는 데에도 도움이 될 거야.

아직 풀어야 할 숙제도 많아. 로보비가 작다 보니 배터리를 넣기 어려워, 전기를 연결해야 날 수 있어. 그래서 햇빛으로 작동하거나, 아주 작은 배터리를 넣는 방법도 연구하고 있어.

⭐ 기사에서 인상 깊은 부분에 밑줄을 긋고, 나의 느낌에 O표 하세요.

좋아요   따뜻해요   화나요   슬퍼요   놀라워요   오, 알겠어요

시사 어휘

로보비
하버드대학교에서 개발한, 벌처럼 작고 날아다니는 초소형 비행 로봇.

한 문장 요약  단어를 넣어 문장을 완성해 보세요.

하버드대학교는 ㄱ ㅊ 처럼 날 수 있는 초소형 로봇 '로보비'를 개발하여, 농사, 환경 관찰, 과학 연구 등에 활용하려 하고 있다.

미니 퀴즈

• 로보비는 사람보다 더 무거운 짐을 들 수 있도록 만든 로봇이다. (○, ×)

• 로보비는 좁은 틈으로 들어가 사람을 구조하거나, 벌처럼 꽃가루를 옮길 수 있도록 연구되고 있다. (○, ×)

• 로보비가 구조 현장에서 유용한 이유는 무엇인가요?

핵심어 뽑기  기사에서 핵심어 3개를 뽑아 보세요.

미니 논술 벌이 사라졌을 때 로봇으로 대체해도 괜찮을까요?

정답　**한 문장 요약** 곤충　**미니 퀴즈** X, O, 좁고 위험한 곳에 들어갈 수 있어서.
핵심어 예시 로보비, 구조 활동, 농사 등

딥페이크, 구분하기 어려워

딥페이크가 진짜인지 가짜인지 알아보기가 정말 어려워지고 있어. 딥페이크는 '딥러닝'이라는 아주 똑똑한 컴퓨터 기술과 '페이크(가짜)'라는 말이 합쳐진 말이야. 인공지능이 사람 얼굴이나 목소리를 진짜처럼 똑같이 만들 수 있는 거지.

예전엔 딥페이크를 보면 뭔가 어색하거나 티 나는 부분이 있었어. 마치 그림을 잘 못 그린 것처럼 말이야. 그런데 요즘은 기술이 너무 좋아져서 진짜 사람 얼굴이나 목소리처럼 만들 수 있게 됐어. 하지도 않은 말을 한 것처럼 만들거나, 안 한 행동을 한 것처럼 꾸밀 수도 있어. 심지어 전문가들도 이게 진짜인지 가짜인지 구별하기 어렵다고 해.

딥페이크가 이렇게 진짜 같아지면서 걱정되는 일이 생기고 있어. 나쁜 사람들이 딥페이크로 가짜 뉴스를 만들어 다른 사람을 속이거나, 나쁜 소문을 퍼뜨릴 수 있거든. 예를 들어, 정치인이 하지 않은 말을 딥페이크로 만들어서 그 사람이 나쁜 말을 한 것처럼 속일 수도 있어. 그렇게 되면 사람들이 오해하고 진짜라고 믿어 버릴 수 있지. 큰 혼란이 생기는 거야.

그래서 우리가 더 똑똑해져야 해. 영상이나 사진을 봤을 때 '이거 진짜일까?' 하고 한 번 더 생각해 봐야 해. 너무 믿기지 않거나 이상하다 싶으면, 다른 뉴스나 믿을 만한 곳에서 확인하는 게 좋아.

⭐ 기사에서 인상 깊은 부분에 밑줄을 긋고, 나의 느낌에 O표 하세요.

좋아요　　따뜻해요　　화나요　　슬퍼요　　놀라워요　　오, 알겠어요

시사 어휘

딥페이크
인공지능 기술로 사람 얼굴이나 목소리를 진짜처럼 보이게 가짜 영상이나 사진을 만드는 것.

 **한 문장 요약** 단어를 넣어 문장을 완성해 보세요.

딥페이크 때문에 가짜와 <u>ㅈ ㅉ</u>를 구분하기 어려워지고 있으므로, 똑똑하게 의심하고 확인하는 습관이 필요하다.

 **미니 퀴즈**

- 딥페이크는 인공지능 기술로 만들어져서, 사람이 구분하기 점점 쉬워지고 있다. (O, ×)
- 딥페이크는 오직 좋은 목적으로만 사용될 수 있다. (O, ×)
- 진짜 같은 가짜 영상이나 사진을 만들 때 사용하는 인공지능 기술의 이름은 무엇인가요?

 **핵심어 뽑기** 기사에서 핵심어 3개를 뽑아 보세요.

 미니 논술 딥페이크 기술을 좋은 일에도 쓸 수 있을까요? 어떤 일일까요?

정답 **한 문장 요약** 진짜 **미니 퀴즈** X, X, 딥페이크
핵심어 예시 딥페이크, 딥러닝, 페이크 등

두 마리씩 짝지어 다니는 곤충

초여름이면 두 마리씩 붙어 다니는 까만 벌레, 러브버그 때문에 놀라는 사람들이 많아. 러브버그는 원래 중국 남동쪽이나 일본 오키나와 같은 따뜻한 곳에서 주로 살았어. 우리나라에서는 2022년부터 서울, 수도권 지역에서 보이기 시작했지. 처음에는 서울 서북쪽에 주로 나타났는데, 이제는 서울, 경기 어디에서든 볼 수 있을 정도로 늘어났어.

집안으로 들어와서 놀라는 사람들도 있어. 날씨가 따뜻하고 비가 자주 와서 러브버그가 살기 좋은 환경이 만들어졌기 때문이라고 해. 그래서 러브버그가 알을 많이 낳았고, 그 알들이 벌레가 되면서 이렇게 많아진 거야.

다행히도 러브버그는 사람한테 해를 끼치지 않는 착한 곤충, 즉 익충이야. 모기처럼 피를 빨지도 않고, 아프게 물지도 않아. 오히려 러브버그 애벌레는 썩은 풀이나 나뭇잎을 먹고 흙을 비옥하게 만들어 주는 역할을 해. 다 자란 러브버그는 꽃가루를 옮겨 줘. 자연에 도움이 되는 곤충이지.

러브버그는 초여름인 6월이나 7월에 가장 많이 나타나. 성충 러브버그는 암컷이 1주일 정도, 수컷은 3~4일 정도 산다고 해. 대부분 2주 정도 지나면 갑자기 수가 확 줄어들어, 7월 중순쯤에는 훨씬 적어져. 사람들에게 불편을 주는 기간은 보통 1주일 정도인 것이지.

러브버그가 불편하면 방충망을 꼭 닫고, 잘 때는 불을 끄는 게 좋아. 창문에 많이 붙어 있으면 물을 뿌리는 것도 괜찮아. 러브버그도 자연의 일부라는 걸 기억하는 게 좋겠지?

⭐ 기사에서 인상 깊은 부분에 밑줄을 긋고, 나의 느낌에 O표 하세요.

좋아요

따뜻해요

화나요

슬퍼요

놀라워요

오, 알겠어요

시사 어휘

익충

사람에게 이로운 곤충으로, 해충을 잡아먹는 잠자리, 꽃가루를 옮겨 주는 나비, 꿀벌 따위를 이름.

한 문장 요약   단어를 넣어 문장을 완성해 보세요.

러브버그는 따뜻하고 ㅂ가 많이 온 해에 개체 수가 늘어나지만, 해를 끼치지는 않는 익충이다.

미니 퀴즈

• 러브버그는 사람을 물거나 해를 끼치는 해충이다. (O, ×)

• 러브버그는 여름철, 특히 6~7월에 많이 나타난다. (O, ×)

• 러브버그는 원래 어떤 지역에서 주로 살았나요?

핵심어 뽑기   기사에서 핵심어 3개를 뽑아 보세요.

미니 논술   러브버그처럼 보기에는 불편하지만 해가 없는 곤충도 없애야 할까요?

정답   **한 문장 요약** 비 **미니 퀴즈** X, O, 중국 남동쪽, 일본 오키나와 등의 따뜻한 지역
핵심어 예시 러브버그, 초여름, 서울 등

읽은 기사 중 인상 깊은 하나를 골라
아래의 내용을 채워 보세요.

년   월   일

기사 제목 :

- 어떤 일이 일어났나요?
  (무엇에 대한 기사인가요?)

- 조금 더 자세히
  설명해요.

- 결국 이 기사가 하려는
  이야기는 무엇인가요?

- 흥미롭거나 인상 깊은
  내용은 무엇인가요?

- 기사를 읽고 생각난
  개인적인 경험은
  무엇인가요?

- 기사에 대한
  여러분의 소감 또는
  의견, 생각을 써요.

4

경제·정치

- 가성비가 중요한 MZ세대
- 늘어나는 무인점포, 늘어나는 문제
- 편의점, 이제는 '초저가 경쟁'!
- 펫팸족이 한국 경제를 움직여
- 우리나라 지방자치 30주년
- 우리도 학력평가 보고 싶어요!

2026년 최저임금 1만 320원으로 결정

2026년 최저임금이 2025년 10,030원보다 2.97% 오른 시간당 10,320원으로 정해졌어. 고용노동부에서 이렇게 결정하고 발표했지. 최저 월급은 215만 6,880원이야.

이건 1988년에 최저임금제, 그러니까 일하는 사람이 받아야 할 최소한의 돈을 법으로 정해 놓는 제도에 따라 결정된 거야. 최저임금제가 시작된 이후 처음으로 2025년, 시간당 1만 원을 넘겼어.

2026년 1월 1일부터 모든 회사에서 똑같이 정해진 최저임금을 지켜야 해. 최저임금을 정하는 최저임금위원회(최임위)는 여러 번 회의를 열어서 2026년 최저임금을 시간당 10,320원으로 정했어. 돈을 받는 노동자들과 돈을 주는 회사 사장님들 사이에 생각이 너무 달라서, 회의가 아주 길어졌다고 해.

전문가들은 이번 최저임금 인상이 저임금 노동자들의 생활 안정에 도움이 될 것이라고 기대하고 있어. 하지만 일부 소상공인과 자영업자들은 인건비 부담이 커질 수 있다는 우려를 나타냈어. 특히 인건비 비중이 높은 음식점, 편의점, 카페 등에서는 가격 인상이나 근무 시간 조정 등 대응 방안을 고민하고 있다고 해.

고용노동부는 이렇게 정해진 최저임금이 2026년부터 잘 지켜질 수 있도록 많은 사람에게 안내할 거라고 했어. 또 노동자들이 일하는 회사에도 교육하고 필요한 도움을 주면서, 실제로 최저임금이 잘 지켜지는지 직접 관리할 거라고 해.

⭐ 기사에서 인상 깊은 부분에 밑줄을 긋고, 나의 느낌에 O표 하세요.

좋아요

따뜻해요

화나요

슬퍼요

놀라워요

오, 알겠어요

시사 어휘

최저임금
나라가 정한, 일하는 사람이 시간당 또는 한 달에 꼭 받아야 할 최소한의 돈.

한 문장 요약
단어를 넣어 문장을 완성해 보세요.

2026년 최저임금이 시간당 10,320원으로 인상되며, 생활 안정에 대한 기대와 함께 소상공인들의 ㅇㄱㅂ 부담이 동시에 제기되고 있다.

미니 퀴즈

• 2026년 최저임금은 시간당 10,320원으로 정해졌다. (○, ×)
• 최저임금제는 2000년에 처음 시작되었다. (○, ×)
• 2026년 최저 월급은 얼마인가요?

핵심어 뽑기

기사에서 핵심어 3개를 뽑아 보세요.

미니 논술

최저임금이 오르면 사장님이나 노동자에게 단점은 없을지 생각해 보세요.

정답 **한 문장 요약** 인건비 **미니 퀴즈** ○, ×, 215만 6,880원
핵심어 예시 최저임금, 고용노동부, 저임금 노동자 등

가성비가 중요한 MZ세대

MZ세대는 물건을 살 때 가성비를 중요하게 생각한다고 해. 예전에는 한번 사는 인생이라면서 돈을 아끼지 않고 썼는데, 이제는 필요한 것만 사는 '요노'(You Only Need One) 트렌드가 생기기 시작한 거야. 한 끼 식사에 십만 원 이상을 쓰면서 고급 식당에서 식사를 하는 대신, 간편식이나 저렴한 뷔페를 찾는 사람들이 많아졌어.

어느 유명 프랜차이즈 뷔페에 따르면 2,30대 손님이 계속 늘고 있다고 해. 이 뷔페에서는 평일 점심에 1만 원대 후반, 주말에는 2만 원대 후반의 가격으로 다양한 음식을 골라 먹을 수 있어. 그래서 뷔페가 가성비 좋은 외식 장소로 인기를 얻고 있는 거야.

간편식을 찾는 젊은이도 많아지고 있어. 한 편의점에 따르면 간편식 매출이 점점 늘어나고 있다고 해. 간편식도 특히 2,30대가 많이 찾고 있어. 외식비가 올라 맛집에 가기 어려운 상황에서, 편의점에서 쉽게 살 수 있는 간단한 음식이 인기를 끌고 있는 거야.

이렇게 플렉스 소비(자랑하며 보여 주는 과시형 소비)에서 요노 소비로 바뀌게 된 이유는 물가가 너무 많이 올랐기 때문이야. 2030세대의 소득은 거의 오르지 않았지만, 물가는 두 배나 높게 올랐어. 또한 은행 금리 때문에 은행에서 빌린 돈을 갚는 것에 대한 부담도 커졌지. 이러한 이유로 MZ세대는 소비를 줄이고, 더 합리적으로 소비하려는 경향을 보이는 거야.

⭐ 기사에서 인상 깊은 부분에 밑줄을 긋고, 나의 느낌에 O표 하세요.

좋아요

따뜻해요

화나요

슬퍼요

놀라워요

오, 알겠어요

시사 어휘

요노 소비
꼭 필요한 것만 사거나 가진 것을 최소화하는 소비 방식.

한 문장 요약 단어를 넣어 문장을 완성해 보세요.

MZ세대는 과시형 소비인 ㅍㄹㅅ 대신 필요한 것만 합리적으로 구매하는 요노 소비를 지향한다.

미니 퀴즈

• MZ세대는 비싸고 고급스러운 제품을 사는 '플렉스' 소비를 계속해서 늘리고 있다. (○, ×)

• 뷔페는 저렴한 가격에 많은 음식을 골라 먹을 수 있어서, '가성비 좋은' 외식 장소로 인기를 얻고 있다. (○, ×)

• '요노(YONO)' 소비는 어떤 영어 단어들을 줄여서 만든 말인가요?

핵심어 뽑기 기사에서 핵심어 3개를 뽑아 보세요.

미니 논술 물건을 구입할 때 가성비만큼이나 중요한 것이 있다면 무엇일까요?

일하지 않는 젊은이들

2024년 기준 일하지 않고 일을 구하려고도 하지 않는 대학 졸업 이상 학력자들이 400만 명을 넘어. 1999년 통계를 내기 시작한 이후 가장 많은 숫자인데, 특히 20대 중 그런 경우가 많다고 해.

경제활동을 하지 않는 인구를 비경제활동인구라고 해. 일하지 않거나 일을 구하는 행위, 즉 구직 활동을 하지 않는 사람들을 말하지. 이들은 일할 수 있지만 하지 않는 거야.

이유는 여러 가지야. 육아나 집안 살림을 하는 경우, 또는 건강상의 문제가 있을 수 있어. 또 일자리를 찾으려고 노력했지만 자신과 맞는 일자리가 없을 수도 있지.

코로나19가 시작되면서 급격히 늘어난 비경제활동인구는 약간 줄어들다가 다시 늘어나기 시작했어. 전체 비경제활동인구는 줄어들고 있지만 대졸 이상의 비경제활동인구는 증가하고 있지.

대졸 이상 학력의 사람들 중에서는 약 4명 중 1명이 경제활동을 하지 않아. 이들은 일할 만한 좋은 일자리가 부족하기 때문에 경제활동 자체를 포기한 거야. 대졸 이하도 가능한 일은 그만두는 경우가 많다고 해. 더 나은 일자리를 위한 취업 교육을 받기 위해서이지.

나라에서는 젊은이들이 경제활동을 하기를 바라며, 취업 프로그램을 강화하고 있어. 그래도 여전히 비경제활동인구가 늘어나고 있으니, 정부는 이 문제를 해결하기 위해 더 많이 노력해야 해.

⭐ 기사에서 인상 깊은 부분에 밑줄을 긋고, 나의 느낌에 O표 하세요.

  좋아요　　 따뜻해요　　 화나요　　슬퍼요　　 놀라워요　　 오, 알겠어요

시사 어휘

경제활동
물건을 만들거나 서비스를 제공하고, 그 대가로 돈을 버는 모든 활동.

 **한 문장 요약** 단어를 넣어 문장을 완성해 보세요.

2024년 상반기, 일하지 않고 구직 활동도 하지 않는 ㄷㅈ 이상 학력의 비경제활동인구가 역대 가장 많은 400만 명을 넘어섰다.

 **미니 퀴즈**

- 대졸 이상 학력자 중 약 4명 중 1명은 경제활동을 하지 않는다. (O, ×)
- 코로나19 이후 대졸 이상 비경제활동 인구가 지속적으로 감소했다. (O, ×)
- 비경제활동 인구가 늘어난 이유 중 하나는 무엇인가요?

 **핵심어 뽑기** 기사에서 핵심어 3개를 뽑아 보세요.

 미니 논술 일하지 않는 젊은이는 교육 받는 것, 빨리 취업하는 것 중 무엇이 좋을까요?

폐지 줍는 노인 지원

전국 지방자치단체의 조사 결과, 전국적으로 폐지(다 쓰고 버린 종이)를 수집하는 노인이 약 1만 5천 명인 것으로 파악되었어. 월 평균 소득은 77만 원가량이지. 나라에서는 이들 중 약 5천 명에게 노인 일자리를 연결해 주었고, 900여 명에게는 1천여 건의 복지를 제공했다고 해.

폐지 수집 노인은 서울에 가장 많았고 다음으로 경기, 경남, 부산이었어. 월 평균 소득 약 77만 원은 기초 연금을 모두 합친 금액이라고 해. 기초 연금은 65세 이상 노인 중 소득과 재산이 적은 70%의 노인에게 매달 일정 금액(30만원)의 연금을 지급하는 제도야.

복지부에서 폐지 수집 노인 약 5천여 명에게 연결한 일자리는 공익 활동, 민간 일자리, 사회 서비스 관련 일자리야. 자격 요건이 되는데 이런 일자리에서 빠지게 된 경우에는 별도로 1천 건 이상의 복지 서비스를 제공했다고 해. 가정으로 방문해서 건강 관리를 해 주거나 노인 맞춤 돌봄 서비스를 제공하는 등의 활동이지.

서울 강서구에 폐지 수집 노인을 지원한 우수 사례가 있어. 이 노인들에게 필요한 것을 조사해서 일자리를 연결해 주고 도시락, 이불 등의 생활 필수품도 지원해 주었지.

복지부에서는 이번 조사 결과를 바탕으로 폐지 수집 노인을 계속 살펴보고 있어. 해당 지역의 특성에 맞는 정책을 마련하도록 지원하는 한편, 더 많은 노인들이 좋은 일자리를 찾을 수 있게 돕겠다고 밝혔어.

⭐ 기사에서 인상 깊은 부분에 밑줄을 긋고, 나의 느낌에 O표 하세요.

좋아요 따뜻해요 화나요 슬퍼요 놀라워요 오, 알겠어요

시사
어휘

기초 연금

65세 이상 노인 중 소득·재산이 적은 70%에게 매달 일정 금액을 지급하는 국가 지원 연금.

한 문장
요약

단어를 넣어 문장을 완성해 보세요.

전국에서 **ㅍㅈ**를 수집하는 노인이 약 1만 5천 명이며, 이들의 월 평균 소득은 77만 원이다.

미니
퀴즈

• 전국에 폐지 수집 노인이 약 1만 5천 명이다. (○, ×)
• 폐지 수집 노인의 월 평균 소득은 100만 원이다. (○, ×)
• 폐지 수집 노인의 월 평균 소득은 얼마인가요?

핵심어
뽑기

기사에서 핵심어 3개를 뽑아 보세요.

미니
논술

노인에게 일자리, 편안한 휴식 제공 중 어느 쪽을 드리는 것이 좋을까요?

 정답 **한 문장 요약** 폐지 **미니 퀴즈** ○, ×, 77만원
핵심어 예시 폐지, 노인, 연금 등

유명세에도 기회 비용이 있다?

방송인으로도 유명한 웹툰 작가가 한 유튜브 채널에서 유명세에도 기회비용(어떤 선택으로 인해 포기한 다른 선택의 가치나 이익)이 있다는 말을 했어. 자신이 유명해져서 돈을 벌고 있는데, 혼자 있고 싶을 때 자신을 몰라봐 주기를 바라는 건 이기적이라는 거야.

이 사람은 방송인에게 주는 큰 상을 받고, 그 이후 행복한 시간을 보냈다고 해. 해외여행도 많이 다니고, 맛있는 음식도 마음껏 먹고, 친구들도 만나며 복 많은 삶을 살고 있다고 전했어.

그런데 한편으로는 이렇게 비싼 가게에서 좋은 음식을 먹으며, 호화로운 삶을 누리는 것이 맞는지 생각했다고 해. 그런 것에 익숙해지면 자신의 삶이 잘못될 수도 있다며 늘 주의하려고 노력한다는 말도 덧붙였지.

가끔은 혼자서 편하게 식사하고 싶을 때도 있는데, 사람들이 알아보는 유명한 방송인이다 보니 그렇게 안 되는 것은 다소 불편하다고도 했어. 사람들이 보고 있으면 행동을 조심해야 하는데 그래서 편하게 있기 어렵다는 거지. 그래서 식사는 잘 안 보이는 구석에서 한다고 해.

유명인으로 살면서 이런 점이 힘들지만 한편으로는 이것이 기회비용이라고 했어. 사람들이 자신을 알아봐 주어서 많은 돈을 벌고 행복하게 살고 있기 때문에, 자신이 원할 때만 몰라봐 주기를 바란다는 것은 이기적이라는 거야.

⭐ 기사에서 인상 깊은 부분에 밑줄을 긋고, 나의 느낌에 O표 하세요.

좋아요

따뜻해요

화나요

슬퍼요

놀라워요

오, 알겠어요

시사 어휘

기회비용
어떤 선택을 할 때, 그 선택으로 인해 포기한 다른 선택의 가치나 이익.

 **한 문장 요약** 단어를 넣어 문장을 완성해 보세요.

한 유명인은 자신의 유명세로 얻은 혜택이 큰 만큼 겪어야 하는 어려움도 ㄱㅎㅂㅇ이니 감수해야 한다고 했다.

 **미니 퀴즈**

• 유명인이 되면 얻는 것만 있다. (O, ×)

• 사람들이 알아봐 주어서 얻는 것만큼 잃는 것도 있다. (O, ×)

• 이 유명인은 원할 때만 몰라봐 주길 바란다는 것에 대해 어떻게 생각한다고 했나요?

 **핵심어 뽑기** 기사에서 핵심어 3개를 뽑아 보세요.

 미니 논술 유명인이라면 불편한 점, 손해 보는 점도 감수해야 할까요?

정답 **한 문장 요약** 기회비용 **미니 퀴즈** X, O, 이기적이다.
핵심어 예시 유명세, 기회비용, 방송인 등

늘어나는 무인점포, 늘어나는 문제

무인점포가 늘어나고 있어. 사람들이 많이 다니는 번화가는 물론이고, 아파트 단지, 학교 앞, 회사 근처 등의 상가에 주로 생기고 있지.

처음 생긴 무인점포는 아이스크림점, 문구점, 빨래방 등이었어. 지금은 카페, 디저트 가게, 반찬 가게에 이어서 셀프 사진관, 스터디 카페, 파티룸, 반려동물 용품점, 라면 가게, 꽃 가게, 옷 가게 등 여러 업종으로 확장되고 있어. 실내 골프장, 테니스장, 탁구장 등 스포츠 업종까지 무인점포로 운영하는 경우가 늘고 있어.

무인점포는 소자본, 즉 비교적 적은 돈으로 시작할 수 있다는 것이 장점이야. 직원이 없어 가게 운영비도 적게 드는 편이야. 사장은 다른 일을 하면서도 운영할 수 있어 좋아. 사람들이 얼굴을 마주하지 않는 비대면을 더 좋아하는 경우도 있으니 그런 점도 좋아.

다만 무인점포가 늘어나다 보니 범죄도 많아지고 있어. 2023년 기준, 1만 건이 넘는 도난 사건이 있었어. 셀프 계산대를 망가뜨리는 등 시설을 훼손하는 경우도 있어. 금고에서 돈을 훔치기도 하고, 점포 안에 소변을 보고 가기도 해.

가게 사장이 우연히 CCTV로 보고 훔치려는 사람에게 경고할 때도 있지만, 바로 갈 수 없어 당하는 경우가 더 많아. 피해 금액이 크지 않아서 경찰이 범인을 잡으려는 노력을 소홀히 하기도 해. 범인의 사진을 붙여 두면 명예훼손이 될 수 있어 함부로 그렇게 하지도 못하지. 점포를 이용하는 사람들의 성숙함이 절실해지고 있어.

⭐ 기사에서 인상 깊은 부분에 밑줄을 긋고, 나의 느낌에 O표 하세요.

 좋아요　 따뜻해요　 화나요　 슬퍼요　 놀라워요　 오, 알겠어요

시사 어휘

무인점포
직원 없이 손님이 직접 계산하는 방식으로 운영되는 가게.

 **한 문장 요약** 단어를 넣어 문장을 완성해 보세요.

ㅁㅇㅈㅍ가 많이 늘어나는 만큼 다양한 범죄가 생기고 있어, 사람들의 성숙함이 요구되고 있다.

 **미니 퀴즈**

• 무인점포는 직원이 있어야 해서 운영비가 많이 든다. (○, ×)

• 무인점포에서 다양한 범죄가 늘어나고 있다. (○, ×)

• 무인점포에 물건을 훔친 범인 사진을 붙여 두지 못하는 이유는 무엇인가요?

 **핵심어 뽑기** 기사에서 핵심어 3개를 뽑아 보세요.

미니 논술 무인점포에 물건을 훔친 범인 사진을 붙여 둘 수 없는 것, 어떻게 생각하나요?

정답 **한 문장 요약** 무인점포 **미니 퀴즈** X,○ 명예훼손이 될 수 있기 때문이다.
핵심어 예시 무인점포, 소자본, 범죄 등

가성비가 중요해지니 유통사는 웃는다

물가가 계속 오르고 있어. 그렇다 보니 가성비를 따져 물건을 구입하는 소비자가 늘고 있어. 가성비(가격 대비 성능)는 소비자가 낸 돈에 비해서 물건의 성능이나 품질이 얼마나 만족스럽고 좋은지 나타내는 말이야.

가성비를 따지는 소비자들은 PB상품을 많이 찾는다고 해. PB상품은 물건을 파는 유통사가 직접 브랜드를 만들어 파는 물건을 말해. 이마트, 롯데마트, 홈플러스, 쿠팡 등의 유통사가 직접 만들어 파는 물건이 PB상품이야. 이마트의 '노브랜드'가 그래.

그런가 하면 본래 물건을 만드는 제조사가 만드는 상품은 NB상품이라고 해. 농심의 신라면처럼 우리가 알고 있는 대부분의 제품이 NB상품이지.

PB상품은 일반적인 NB상품에 비해 가격이 저렴한 편이야. 물가가 계속 오르다 보니 소비자들은 PB상품을 많이 찾고 있어. 실제로 각 유통사들이 직접 만든 이런 제품들은 지속적으로 판매가 늘고 있다고 해. 일부 제품은 경쟁 제품들 모두를 제치고 1위를 하는 경우도 있어.

즉석국, 즉석찌개 같은 즉석 식품들은 유통사들의 PB상품이 더 인기를 끌고 있다고 해, 유통사 입장에서는 PB상품이 NB상품보다 더 큰 이익을 남기다 보니, 아주 반가운 일이지. 유통사는 앞으로도 PB상품을 더 많이 판매하기 위한 방법을 고민할 것 같아.

⭐ 기사에서 인상 깊은 부분에 밑줄을 긋고, 나의 느낌에 O표 하세요.

 좋아요　 따뜻해요　 화나요　 슬퍼요　 놀라워요　 오, 알겠어요

시사
어휘

가성비
가격 대비 성능의 줄임말로 소
비자가 낸 돈에 비해서 물건의
성능이나 품질이 주는 만족감.

한 문장
요약
단어를 넣어 문장을 완성해 보세요.

물가가 계속 오르다 보니, 제조사
가 만든 NB상품보다 유통사가 만
든 저렴한 PBㅅㅍ을 찾는 소비자
가 늘고 있다.

미니
퀴즈

• 물가가 계속 오르니 NB상품을 사는 소비자가 늘고 있다. (○, ×)
• 농심이 만든 신라면은 NB상품이다. (○, ×)
• PB상품 판매가 늘자 유통사들은 어떤 것을 고민하고 있나요?

핵심어
뽑기
기사에서 핵심어 3개를 뽑아 보세요.

미니
논술
우리 가정은 NB상품과 PB상품 중 어떤 것을 더 많이 사용하나요? 왜 그런가요?

정답 **한 문장 요약** 상품 **미니 퀴즈** X,○, PB상품을 더 팔 방법
핵심어 예시 가성비, PB상품, NB상품

카드 쓰는 청소년이 많아지고 있어

중·고등학생의 카드 사용이 점점 늘고 있어. 주로 사용하는 곳은 편의점, 식당, 카페, 게임방 등이야. 신용카드보다는 체크카드를 주로 사용하는데, 카드 사용이 많아지면서, 돈의 소중함을 잘 배우지 못하는 것이 문제야.

한 부모는 자녀가 쓴 카드 내역에서 이상한 점을 발견했다고 해. 사용 내역은 식당, 노래방, 편의점, 카페 등 평범했어. 문제는 친구가 돈이 없을 때 자신이 카드로 결제한다는 거야. 나중에 돈을 못 받는 경우도 있어 문제가 되고 있지.

체크카드는 사용하는 즉시 통장에서 돈이 빠져나가는 형태의 카드야. 직접 주머니에서 현금을 꺼내서 지출하는 것이 아니다 보니, 자신이 얼마를 사용했는지 꼼꼼히 살피지 않을 가능성이 있어. 자연스럽게 과소비로 이어지기도 하지.

청소년들에게 설문 조사를 한 결과, 카드로 결제하는 것이 익숙해서 자신도 모르게 다소 쉽게 지출하게 된다고 말했어. 따로 용돈 기입장을 쓰지 않아, 얼마를 지출하는지 정확히 모르는 경우도 많았어.

체크카드를 사용하는 것이 일상화되어 있다면 교육이 필요해. 정말 필요한 지출인지 생각해 보고 사용해야 해. 또한 친구들과 함께일 때는 한 사람이 결제하기보다 현금을 거두는 방식이 좋아. 한 달 소비 내역을 가족이 함께 보면서 잘하는 것, 아쉬운 것을 꼼꼼히 따져 보고, 다음 달 소비를 계획하는 것도 중요한 경제 교육이야.

⭐ 기사에서 인상 깊은 부분에 밑줄을 긋고, 나의 느낌에 O표 하세요.

 좋아요   따뜻해요   화나요   슬퍼요   놀라워요   오, 알겠어요

시사 어휘

체크카드
은행에 연결된 카드로, 카드 사용 시 계좌에 있는 금액만큼만 결제할 수 있는 카드.

한 문장 요약   단어를 넣어 문장을 완성해 보세요.

청소년들이 체크카드를 자주 사용하게 되었으므로, 적절한 소비를 위한 ㄱㅈ ㄱㅇ이 필요하다.

미니 퀴즈

- 청소년들은 주로 신용카드를 사용한다. (O, ×)
- 친구들이 돈이 없으면 먼저 계산하기도 한다. (O, ×)
- 청소년들이 주로 카드를 사용하는 곳은 어디 어디인가요?

핵심어 뽑기   기사에서 핵심어 3개를 뽑아 보세요.

미니 논술   청소년이 현금, 체크카드 중 어떤 것을 사용하는 것이 좋다고 생각하나요?

정답 **한 문장 요약** 경제 교육 **미니 퀴즈** X, O, 편의점, 식당, 카페, 노래방
핵심어 예시 신용카드, 체크카드, 청소년

편의점, 이제는 '초저가 경쟁'!

편의점이 너무 많아졌어. 건물마다 있을 정도로 편의점이 늘어나다 보니, 손님을 모으기가 점점 더 어려워지고 있어. 그래서 요즘 편의점들이 할인과 초저가 경쟁을 펼치며 손님들의 발길을 끌고 있다고 해.

손님들의 마음을 사로잡으려고 아주 저렴한 물건들을 내놓고 있지. 어떤 편의점에서는 990원짜리 삼각김밥이나 880원짜리 컵라면처럼 아주 파격적인 가격의 물건을 팔기도 해. 1+1이나 2+1 같은 할인 행사도 예전보다 훨씬 많이 하고 있어.

이렇게 가격을 낮추는 데는 편의점 자체 브랜드 PB상품의 역할이 커. 물건을 만드는 제조회사와 손잡고 편의점이 직접 상품을 만드는 거지. 이렇게 하면 중간 유통 과정이 줄어들어서 더 싸게 팔 수 있거든.

또 마케팅 비용을 아끼고 편의점의 이익을 조금 줄이면서까지도 손님들에게 저렴한 가격으로 물건을 팔려고 노력하고 있어. 편의점이 가장 가성비 좋은 곳이라는 인식을 손님들에게 심어 주려는 거야.

하지만 이런 초저가 경쟁이 손님 입장과 편의점 입장 모두에게 좋은 것만은 아니야. 편의점 입장에서는 이익이 줄어들어 문을 닫는 가게도 있어. 또 너무 가격만 내세우다 보면 물건의 품질이 나빠지거나 서비스가 부족해질 수도 있지. 앞으로 어떤 방향으로 갈지 지켜보아야 해.

⭐ 기사에서 인상 깊은 부분에 밑줄을 긋고, 나의 느낌에 O표 하세요.

| 좋아요 | 따뜻해요 | 화나요 | 슬퍼요 | 놀라워요 | 오, 알겠어요 |

시사 어휘

초저가 경쟁
손님을 끌기 위해 물건 값을 다른 곳보다 훨씬 싸게 파는 경쟁.

한 문장 요약　단어를 넣어 문장을 완성해 보세요.

편의점의 초저가 경쟁으로 상품 ㅍ ㅈ 이 나빠지고 서비스가 부족해질 수 있다는 단점이 있다.

미니 퀴즈

• 편의점이 너무 많아져서 손님을 모으기 쉬워졌다. (O, ×)

• 편의점이 가격을 낮추는 데에는 편의점 자체 브랜드(PB) 상품이 도움이 된다. (O, ×)

• 편의점들이 손님을 끌기 위해 물건 값을 다른 곳보다 훨씬 내려 파는 경쟁을 무엇이라고 부르나요?

핵심어 뽑기　기사에서 핵심어 3개를 뽑아 보세요.

미니 논술　편의점의 초저가 경쟁은 손님과 점주 모두에게 좋은 일일까요?

대한민국, 1인당 국민소득 5천만 원 넘었다

우리나라 국민이 평균적으로 얼마나 잘 사는지 보여주는 지표가 있어. 바로 1인당 국민총소득(GNI)이라는 건데, 이 숫자가 처음으로 5천만 원을 넘어섰다고 해. 2024년에 우리 국민 한 명당 평균적으로 벌어들인 돈이 5,012만 원인 거야. 이는 1년 전보다 6.1% 늘어난 금액이야.

1인당 국민소득은 한 나라의 국민 모두가 1년 동안 벌어들인 돈을 인구수로 나눈 것이야. 그러니까 우리 모두가 함께 노력해서 이만큼 많은 돈을 벌었다는 뜻이지. 우리나라의 1인당 국민소득이 5천만 원을 넘긴 것은 이번이 처음이라서 더욱 의미가 커.

발표를 보면, 우리나라의 1인당 국민소득은 인구가 5천만 명 이상인 큰 나라들 중에서도 6번째로 높았어. 미국, 독일, 영국, 프랑스, 이탈리아 다음이야. 특히 놀라운 점은 일본을 2년 연속 앞섰다는 거야. 전에는 우리가 일본보다 낮았거든.

하지만 좋은 소식만 있는 건 아니야. 달러로 따져 보니, 우리나라의 1인당 국민소득은 3만 6,745달러를 기록했어. 이것은 지금까지 가장 높았던 2021년 3만 7,898달러보다는 조금 낮은 수치야. 작년에 우리나라 돈인 원화의 가치가 떨어졌기 때문이야. 게다가 최근 우리 경제가 아주 좋지만은 않아.

그럼에도 불구하고 5천만 원 돌파는 우리나라 경제가 그만큼 성장했다는 것을 보여 주는 거야. 앞으로 우리 삶에 어떤 변화가 올지 주목해야 할 것 같아.

⭐ 기사에서 인상 깊은 부분에 밑줄을 긋고, 나의 느낌에 O표 하세요.

 좋아요　　 따뜻해요　　 화나요　　 슬퍼요　　 놀라워요　　 오, 알겠어요

시사 어휘

국민총소득(GNI)
한 나라의 국민이 벌어들인 돈을 모두 합한 것으로, 국내, 해외 소득이 모두 포함됨.

 **한 문장 요약** 단어를 넣어 문장을 완성해 보세요.

2024년 우리나라 1인당 국민총소득(GNI)이 처음으로 5천만 원을 넘어섰지만, 요즘 ㄱㅈ 상황이 좋지만은 않다.

 **미니 퀴즈**

• 2024년 우리나라의 1인당 국민총소득(GNI)은 처음으로 5천만 원을 넘었다. (O, ×)
• 우리나라의 1인당 국민소득은 일본보다 2년 연속 낮았다. (O, ×)
• 한 나라의 국민이 벌어들인 돈을 모두 합한 것을 무엇이라고 부르나요?

 **핵심어 뽑기** 기사에서 핵심어 3개를 뽑아 보세요.

 미니 논술 1인당 국민소득이 올라가면 모두가 잘사는 나라라고 말할 수 있을까요?

정답 **한 문장 요약** 경제 **미니 퀴즈** O, X, 국민총소득(GNI)
핵심어 예시 국민총소득, 국민소득, 경제 성장 등

펫팸족이 한국 경제를 움직여

반려동물을 가족처럼 여기는 펫팸족이 1,500만 명 가까이 되면서 한국 경제에 새로운 바람이 불고 있어. 반려동물 시장이 빠른 속도로 커지고 있는데, 2027년에는 6조 원 규모까지 될 것으로 예상돼. 반려동물과 관련된 경제활동을 펫코노미(Pet-conomy)라고 불러. 반려동물(Pet)과 경제(Economy)를 합친 말이지.

반려동물 사료(펫푸드)부터 옷(펫 의류), 병원(펫 헬스케어), 숙소(펫 호텔), 미용, 심지어는 장례 서비스까지 시장이 넓어졌어. 특히 반려동물을 사람처럼 대하는 펫 휴머나이제이션(Pet Humanization)이라는 유행이 퍼지면서 비싼 사료나 영양제, 용품, 유명 브랜드의 제품까지 나오고 있어.

반려동물용 한복이나 유모차 매출이 실제 유아용 제품 매출을 뛰어넘는 경우도 생기고 있다고 해. 다이슨 같은 고급 가전 브랜드에서도 반려동물 털 관리를 위한 제품을 내놓고 있어. 은행이나 보험사에서는 반려동물 전용 적금, 보험 같은 상품을 만들기도 했지.

펫코노미 시장이 커지는 이유는 여러 가지야. 1인 가구, 자녀 없는 부부가 늘면서 반려동물을 키우는 경우가 많아. 경제적인 여유도 한몫하고 있어. 특히 돈 쓰는 데 합리적이라고 알려진 MZ세대도 반려동물에게는 아낌없이 지갑을 열고 있지.

펫팸족은 단순히 반려동물 시장을 넘어서, 의료, 여행, 교육, 금융 같은 여러 산업에 영향을 미치면서 우리 경제의 중요한 부분이 되고 있어.

⭐ 기사에서 인상 깊은 부분에 밑줄을 긋고, 나의 느낌에 O표 하세요.

 좋아요   따뜻해요   화나요   슬퍼요   놀라워요   오, 알겠어요

시사 어휘

펫코노미
반려동물(Pet)과 경제(Economy)를 합친 말로, 반려동물과 관련된 상품이나 서비스를 통해 생겨나는 모든 경제 활동.

한 문장 요약 단어를 넣어 문장을 완성해 보세요.

펫팸족 증가로 반려동물 관련 소비 시장인 ㅍㅋㄴㅁ가 2027년까지 6조 원 규모로 성장할 것으로 예상된다.

미니 퀴즈

- 펫코노미는 반려동물과 경제를 합친 말이다. (O, ×)
- MZ세대는 반려동물에 지갑을 닫는 경향이 있다. (O, ×)
- 펫코노미 시장 규모는 2027년에 얼마나 될 것으로 예상되나요?

핵심어 뽑기 기사에서 핵심어 3개를 뽑아 보세요.

미니 논술 학교에서 반려동물 돌봄 교육을 하면 도움이 될까요?

정답 **한 문장 요약** 펫코노미 **미니 퀴즈** O, X, 6조 원
핵심어 예시 펫팸족, 반려동물, 펫코노미 등

우리 편의점, 해외에서도 인기!

우리나라 편의점 CU가 해외에서도 인기를 끌고 있어. 몽골, 말레이시아, 카자흐스탄 등에 점포가 많지.

CU는 우리나라 편의점 중 해외에 점포가 가장 많은 브랜드인데, 몽골에 가장 많아. 몽골 사람들은 CU에서 커피를 많이 사는데, 우리나라보다 몽골에서 훨씬 더 많이 팔린다고 해. 짜장면, 핫바, 라면이나 파스타 같은 간편식도 잘 팔려. 우리나라에서 인기가 많았던 크림빵도 몽골 사람들 입맛을 사로잡았어.

또 말레이시아에서도 CU가 늘어나고 있어. 닭강정이 인기가 있고, 매콤달콤한 떡볶이가 매일 빠르게 팔리고 있어. 삼각김밥도 말레이시아 친구들이 좋아한다고 해.

멀리 카자흐스탄에도 CU가 있어. '한강라면'이라는 이름의 라면이나 다른 맛있는 K-푸드들이 불티나게 팔리고 있어. 집 근처에서 편하게 쇼핑하는 것은 누구나 좋아하게 마련이어서 이들에게도 편의점이 인기를 얻은 것이지.

K-팝이나 드라마처럼, 우리 편의점 음식들도 해외에서 인기를 끌고 있다는 것을 알 수 있어. 지금은 SNS로 나라 간 소통이 쉽다 보니 우리나라 음식을 접하는 외국인들이 많아. 관계자는 각 나라 사람들의 입맛에 맞도록 연구하고 있다고 말했어.

이렇게 CU 편의점이 세계 여러 나라에서 우리나라 음식과 편의점 문화를 알리고 있고, 앞으로 더 늘어날 거라고 해.

⭐ 기사에서 인상 깊은 부분에 밑줄을 긋고, 나의 느낌에 O표 하세요.

 좋아요   따뜻해요   화나요   슬퍼요   놀라워요   오, 알겠어요

시사 어휘

간편식
복잡한 조리 과정 없이 데우거나 바로 먹을 수 있도록 미리 만들어진 음식.

한 문장 요약

단어를 넣어 문장을 완성해 보세요.

우리나라 편의점 CU가 몽골, 말레이시아, 카자흐스탄 등 ㅎㅇ 시장에서 큰 인기를 얻으며 빠르게 성장하고 있다.

미니 퀴즈

- CU 편의점은 해외 중 몽골에 가장 많은 점포를 가지고 있다. (O, ×)
- 말레이시아 CU에서는 닭강정보다 삼각김밥이 더 많이 팔린다. (O, ×)
- 몽골 CU에서 우리나라보다 훨씬 더 팔리는 음료는 무엇일까요?

핵심어 뽑기

기사에서 핵심어 3개를 뽑아 보세요.

미니 논술

해외에서 원래 맛을 지키는 것, 그 나라에 맞게 바꾸는 것 중 어느 쪽이 좋을까요?

정답 **한 문장 요약** 해외 **미니 퀴즈** O, X, 커피
핵심어 예시 편의점, 해외 점포, 해외 인기 등

한국의 국가 경쟁력이 떨어졌다?

스위스 1위   미국 13위   중국 16위   독일 19위   한국 27위   일본 35위

우리나라가 세계 여러 나라들 중에서 얼마나 잘하고 있는지 알려 주는 중요한 평가가 발표되었어. 바로 국가 경쟁력 평가인데, 2025년 우리나라는 69개 나라 중에서 27위를 했어.

이 평가는 스위스의 한 대학원에서 매년 발표해. 각 나라가 얼마나 살기 좋고, 기업들이 돈을 잘 벌 수 있는 환경인지, 정부는 일을 잘하는지, 그리고 건물이나 도로 같은 시설(인프라)은 잘 되어 있는지 등 여러 가지를 평가해서 순위를 매기는 거야. 우리나라는 2024년에 20위였는데, 2025년에는 27위로 떨어졌어.

이 평가에서 1위는 스위스가 차지했어. 2024년 1위였던 싱가포르는 2위로 내려갔지. 그 외 캐나다 11위, 미국 13위, 중국 16위, 독일 19위, 일본 35위를 기록했대.

우리나라의 순위가 내려간 것은 기업들의 효율성과 인프라 경쟁력 부분에서였어. 하지만 좋은 소식도 있어. 우리나라 경제의 성과와 정부의 효율성 부분에서는 순위가 올랐다고 해. 물가가 비교적 안정되고 외국과의 무역이 늘어난 것도 점수를 받는 데 도움이 됐지. 정부의 세금 정책과 여러 제도가 개선되고 있는 것도 긍정적인 평가를 받았어.

국가 경쟁력이 높으면 외국 기업들이 우리나라에 투자를 많이 하고, 그러면 일자리도 늘어나고 삶이 풍요로워져. 우리나라가 앞으로 더욱더 살기 좋고 경쟁력 있는 나라가 되기 위해, 어떤 점을 더 노력해야 할지 알려 주는 소중한 평가라고 할 수 있겠지?

⭐ 기사에서 인상 깊은 부분에 밑줄을 긋고, 나의 느낌에 O표 하세요.

좋아요   따뜻해요   화나요   슬퍼요   놀라워요   오, 알겠어요

시사 어휘

국가 경쟁력
한 나라가 얼마나 잘 살고, 기업들이 활동하기 좋으며, 국민들이 풍요로운 삶을 누릴 수 있는지를 보여 주는 힘.

 **한 문장 요약** 단어를 넣어 문장을 완성해 보세요.

우리나라가 2025년 국가 <u>ㄱㅈㄹ</u> 평가에서 69개국 중 27위를 기록했다.

 **미니 퀴즈**

• 2025년 국가 경쟁력 평가에서 우리나라는 1위를 차지했다. (O, ×)
• 우리나라는 경제 성과와 정부의 효율성 평가에서 순위가 올랐다. (O, ×)
• 2025년 국가 경쟁력 평가에서 우리나라는 몇 위인가요?

 **핵심어 뽑기** 기사에서 핵심어 3개를 뽑아 보세요.

미니 논술 살기 좋은 나라가 되려면 국가 인프라 외에 어떤 점이 중요할까요?

국민연금, 못 받지는 않을까?

자신이 낸 국민연금을 나중에 받지 못할까 봐 걱정하는 사람이 많아. 국민연금은 우리가 나이 들어서 일하기 어려울 때 매달 나라에서 돈을 받는 제도야. 젊을 때 버는 돈의 일부를 나라에 조금씩 내고, 이것을 나중에 좀 더 큰 금액으로 돌려받는 것이지. 우리가 할머니, 할아버지가 되었을 때 편안하게 살 수 있도록 도와주는 중요한 사회 안전망이야.

연금은 60세부터 65세 사이부터 받기 시작해. 그런데 우리나라가 점점 고령화사회가 되어 가면서 연금이 시작되는 나이가 조금씩 늦추어지고 있어. 예를 들어 1969년 이후에 태어난 분들은 65세부터 연금을 받을 수 있어.

우리나라의 출생률은 줄어들고, 수명은 늘어나면서 전체 인구의 평균 나이가 높아지고 있어. 연금 제도를 처음 만들었을 때는 젊은 사람들이 많아서 나이 든 분들을 충분히 도울 수 있었어. 그런데 이제는 젊은 사람들에 비해 나이 든 분들이 점점 많아지는 거야. 이렇게 가다가는 우리가 낸 돈이 결국 바닥날 수도 있다는 걱정이 커지고 있는 거지.

이 문제를 해결하기 위해 매달 내는 돈을 더 늘려야 한다는 의견도 있고, 연금 받는 나이를 더 늦춰야 한다는 이야기도 나와. 연금 액수를 지금보다 조금 줄여야 한다는 의견도 있어.

나라에서는 이 문제를 해결하기 위해 많은 노력을 하고 있어. 우리 모두의 미래가 달린 중요한 문제이므로, 앞으로 국민연금 문제가 어떻게 풀려 나갈지 관심을 가져야 해.

⭐ 기사에서 인상 깊은 부분에 밑줄을 긋고, 나의 느낌에 O표 하세요.

 좋아요   따뜻해요   화나요   슬퍼요   놀라워요   오, 알겠어요

시사 어휘

국민연금
일할 때 매달 조금씩 돈을 내고, 나이가 들어 일을 못하게 되었을 때 나라에서 매달 받는 돈.

한 문장 요약 단어를 넣어 문장을 완성해 보세요.

고령화로 인해 ㄱㅁㅇㄱ이 부족해질 우려가 커지면서, 연금 수령 시기와 금액을 조정해야 한다는 논의가 이어지고 있다.

미니 퀴즈

• 국민연금은 일을 하지 않아도 누구나 받을 수 있는 돈이다. (O, ×)
• 고령화로 인해 국민연금을 받는 나이가 늦춰지고 있다. (O, ×)
• 국민연금이 부족해질 수 있는 가장 큰 이유는 무엇인가요?

핵심어 뽑기 기사에서 핵심어 3개를 뽑아 보세요.

미니 논술 국민연금, 더 많이 내야 할까요? 더 늦게 받아야 할까요?

정답 **한 문장 요약** 국민연금 **미니 퀴즈** X, O, 출산율 감소와 고령화
핵심어 예시 국민연금, 고령화, 사회 안전망 등

2025년 우리나라 새로운 대통령 선출

2025년 6월 3일, 대한민국에 새로운 대통령이 선출되었어. 이번에 뽑힌 대통령은 대한민국의 21대 대통령이야.

우리나라는 민주주의, 즉 국민이 주인인 나라야. 그래서 국민이 직접 투표를 해. 대통령 선거는 5년에 한 번씩 있고 대통령은 연이어 두 번 할 수 없어. 연이어 두 번 하는 걸 연임제라고 하는데, 이렇게 하면 대통령에게 권력이 지나치게 집중돼서 독재할 가능성이 있거든.

대통령 선거는 만 18세 이상이고 대한민국 국민이라면 누구나 참여할 수 있어. 선거에 나오는 걸 출마라고 해. 후보자는 자신이 속한 정당에서 추천을 받아 출마하기도 하고, 스스로 독립적으로 출마할 수도 있어. 후보자는 선거운동을 하는 기간 동안 '내가 대통령이 되면 이렇게 나라를 운영할게요!' 하고 국민에게 알리는 일을 해. 선거 22일 전부터 선거운동을 할 수 있지.

투표소는 전국 여러 곳에 마련돼. 선거일에 투표할 수 없는 사정이 있는 사람은 미리 투표할 수 있는데, 이것을 '사전투표' 제도라고 해.

투표는 비밀투표로 해. 남에게 내가 누구를 뽑았는지 알리지 않는 거야. 투표소에서는 투표용지를 받아서 내가 뽑고 싶은 사람에게 표시하면 돼. 투표가 모두 끝나면 그날 밤부터 개표를 시작해. 개표는 보통 다음 날 새벽에 끝나고 당선자가 발표되지.

⭐ 기사에서 인상 깊은 부분에 밑줄을 긋고, 나의 느낌에 O표 하세요.

좋아요   따뜻해요   화나요   슬퍼요   놀라워요   오, 알겠어요

시사 어휘

민주주의
국민이 주인이 되어 권력을 가지고, 그 권력을 스스로 행사하거나 선출된 대표를 통해 행사하는 정치 체제.

한 문장 요약 단어를 넣어 문장을 완성해 보세요.

2025년 6월 3일, 대한민국은 국민이 직접 참여한 21대 대통령 선거를 통해 5년 간 나라를 이끌어 갈 새로운 ㄷㅌㄹ을 뽑았다.

미니 퀴즈

- 대한민국 대통령은 한 번 당선되면 다음 선거에서 다시 대통령이 될 수 있다. (○, ×)
- 선거일에 투표할 수 없는 사람은 미리 투표할 수 있는데, 이것을 사전투표라고 부른다. (○, ×)
- 2025년 대한민국 대통령 선거는 몇 년에 한 번씩 열리나요?

핵심어 뽑기 기사에서 핵심어 3개를 뽑아 보세요.

미니 논술 한 나라의 대통령이 몇 년 간 나라를 맡는 것이 적당하다고 생각하나요?

정답 **한 문장 요약** 대통령 **미니 퀴즈** X, O, 5년
핵심어 예시 대통령, 연임제, 출마 등

멕시코, 법관을 국민이 뽑는다

2025년 6월, 멕시코는 모든 법관을 국민이 직접 뽑는 직선제 법을 만들었어. 전 세계에서 멕시코가 처음 하는 일이라서, 아주 놀라운 소식이었지.

멕시코에서는 대법관부터 작은 법원의 판사까지 국민들이 직접 투표로 뽑게 됐어. 이렇게 하면 판사들이 국민들 말에 더 귀 기울이고, 나라의 법을 깨끗하게 지키려고 노력할 거야.

멕시코는 그동안 법을 다루는 사람들이 가끔 나쁜 행동을 해서 국민들이 법을 잘 믿지 못하는 어려움이 있었어. 그래서 이번에 법관을 국민이 직접 뽑게 한 거야. 법을 다루는 사람들이 국민 마음을 더 잘 알게 되고, 국민은 나라의 법을 더 믿을 수 있게 되겠지.

그런데 이 새로운 법에 대해서 사람들 의견이 나뉘고 있어. 대개는 국민이 직접 뽑으면 더 공정한 판결을 할 거라며 찬성했어. 대통령이나 국회의원을 국민이 직접 뽑는 것처럼 말이야. 하지만 어떤 사람들은 뽑아야 할 사람이 너무 많아서 후보에 대한 정보를 알기 어렵다고도 했어. 제대로 선택할 수 있을지 의문이라는 거지.

다른 나라들은 보통 대통령이나 국회에서 판사를 뽑거나, 판사들끼리 서로 뽑는 경우가 많아. 그런데 멕시코는 국민들이 직접 뽑게 되었으니, 전 세계의 관심이 모이고 있어.

법관 직선제가 잘될지, 어려움이 생길지는 아직 몰라. 하지만 멕시코의 이런 용감한 도전은 다른 나라들에게도 큰 영향을 줄 것 같아.

⭐ 기사에서 인상 깊은 부분에 밑줄을 긋고, 나의 느낌에 O표 하세요.

  좋아요　　 따뜻해요　　 화나요　　슬퍼요　　 놀라워요　　 오, 알겠어요

시사 어휘

직선제
국민이 투표를 통해 대표를 직접 뽑는 방식.

한 문장 요약　단어를 넣어 문장을 완성해 보세요.

멕시코는 전 세계 최초로 모든 ㅂㄱ을 국민이 직접 뽑는 직선제를 도입했다.

미니 퀴즈

• 멕시코는 법관을 국민이 직접 뽑는 법을 만들었는데, 이는 전 세계 처음이다. (O, ×)
• 멕시코의 새로운 법관 직선제에 대해 모든 사람들이 찬성하고 있다. (O, ×)
• 재판을 통해 법에 따라 옳고 그름을 가리고 분쟁을 해결하는 사람을 뭐라고 할까요?

핵심어 뽑기　기사에서 핵심어 3개를 뽑아 보세요.

미니 논술　법관은 국민이 뽑아야 할까요, 나라에서 뽑아야 할까요?

 정답 **한 문장 요약** 법관 **미니 퀴즈** O, X, 법관
핵심어 예시 멕시코, 법관, 국민 투표 등

우리나라 지방자치 30주년

2025년은 우리나라 지방자치 30주년이야. 1995년부터 국민이 직접 우리 동네 대표들을 뽑기 시작했으니, 30년이나 된 거지. 도로를 고치거나 공원을 만드는 일, 쓰레기 분리배출 규칙을 정하는 일. 이런 것들은 모두 지방자치제도가 있어서 가능한 거야.

우리나라는 국민이 주인인 민주주의 국가야. 나라의 큰일을 맡을 대통령도 국민이 직접 뽑아. 마찬가지로, 동네의 중요한 일을 맡아 줄 사람들도 우리가 직접 뽑지. 바로 시장, 군수, 구청장 같은 분들이야. 동네의 규칙을 만들고 결정하는 시의원, 구의원 같은 분들도 우리가 뽑는 대표들이야.

이렇게 우리 지역 대표들을 뽑는 것이 바로 지방자치야. 지방자치는 지역을 스스로 다스린다는 뜻이야. 사람들이 직접 투표로 뽑은 대표들이 우리 동네의 살림을 꾸려 나가고, 필요한 일들을 결정하지.

놀이터가 낡았다면 우리가 뽑은 대표들은 주민들의 의견을 들어. 그리고 놀이터를 어떻게 고칠지, 얼마나 돈을 쓸지 등을 결정해. 새 놀이터를 만들자는 의견을 낼 수도 있지.

지방자치를 통해 우리에게 필요한 일들을 더 빨리, 더 잘 해결할 수 있어. 우리 동네에 딱 맞는 방법으로 문제를 해결할 수 있는 거야.

그리고 우리가 직접 대표를 뽑고 우리 지역 일에 관심을 가지면, 주인의식을 가질 수 있어. 우리 동네는 내가 사는 곳이고, 내가 책임져야 할 곳이야.

⭐ 기사에서 인상 깊은 부분에 밑줄을 긋고, 나의 느낌에 O표 하세요.

 좋아요   따뜻해요   화나요   슬퍼요   놀라워요   오, 알겠어요

시사 어휘

지방자치제도
주민들이 직접 선출한 대표들을 통해 지역의 일을 스스로 결정하고 운영하는 제도.

 **한 문장 요약** 단어를 넣어 문장을 완성해 보세요.

2025년 30주년을 맞이한 지방자치는 주민이 직접 뽑은 ㄷㅍ를 통해 동네의 다양한 일들을 스스로 결정하고 해결하는 제도이다.

 **미니 퀴즈**

- 우리나라 지방자치는 2025년을 기준으로 30주년이 되었다. (○, ×)
- 지방자치는 우리 동네 대표들이 주민의 의견 없이 스스로 모든 일을 결정하는 제도이다. (○, ×)
- 우리 동네의 시장, 군수, 구청장은 누가 뽑나요?

 **핵심어 뽑기** 기사에서 핵심어 3개를 뽑아 보세요.

미니 논술 동네 쓰레기 분리 배출 방식은 누가 정해야 할까요?

"우리도 학력평가 보고 싶어요!"

최근 학교에 다니지 않는 청소년들이 자신들도 학력평가 시험을 볼 수 있게 해 달라고 헌법 소원을 냈어. 이 친구들은 학교를 다니지 않는다는 이유로, 고등학생들이 보는 전국연합학력평가에 응시할 수 없었어. 이들은 이게 너무 불공평하다고 생각했지. 그래서 우리나라 법의 기준인 헌법에 맞는지 묻기 위해 헌법 소원을 낸 거야.

헌법 소원은, 나라에서 만든 규칙이나 어떤 행동 때문에 국민의 소중한 권리를 침해받았다고 생각할 때 내는 거야. 헌법재판소에 그 내용을 알려서 도와달라고 요청하는 일이지. 어떤 규칙이나 행동이 헌법에 어긋나는 일인지 따져 묻는 거야.

학생들이 1년에 여러 번 보는 전국연합학력평가는 수능을 준비하는 데 도움이 돼. 자신의 실력을 알 수 있는 중요한 기회가 되지. 그런데 학교 밖 청소년들은 이 시험을 볼 수 없어서 자기 실력을 확인하기가 힘들어. 시험 볼 기회가 없다는 게 답답했던 거야.

하지만 이 문제에 대해 교육청의 입장은 확실해. 이미 우리 법에서 학생들만 이 시험을 볼 수 있게 되어 있다는 것이지. 그러자 청소년들은 학교에 다니지 않는다고 공부할 권리가 없는 건 아니라고 말했어. 우리나라 헌법에는 모든 국민이 차별받지 않고 교육받을 권리가 있다는 거야.

학교 밖 청소년들의 이런 용기 있는 행동은 우리 사회에 큰 질문을 던졌어. 모든 사람에게 공평한 기회를 주는 것이 얼마나 중요한지를 다시 한번 떠올리게 해 준 거야.

⭐ 기사에서 인상 깊은 부분에 밑줄을 긋고, 나의 느낌에 O표 하세요.

  좋아요   따뜻해요   화나요   슬퍼요   놀라워요   오, 알겠어요

시사 어휘

헌법 소원
나라가 만든 법 때문에 소중한 권리를 침해당했다고 생각할 때, 헌법재판소에 도와달라고 요청하는 일.

한 문장 요약  단어를 넣어 문장을 완성해 보세요.

학교를 다니지 않는 청소년들은 전국연합학력평가 응시 제한이 불공평하다며 ㅎㅂ ㅅㅇ을 제기했다.

미니 퀴즈

• 학교 밖 청소년들이 낸 헌법 소원은 자신들의 '학습할 권리'를 주장하는 내용이다. (O, ×)
• 교육청은 학교 밖 청소년들이 전국연합학력평가에 응시할 수 없다는 입장을 보였다. (O, ×)
• 헌법 소원은 어느 기관에 요청하는 일인가요?

핵심어 뽑기  기사에서 핵심어 3개를 뽑아 보세요.

미니 논술 학교를 다니지 않는 청소년도 학력평가를 보게 해야 할까요?

일하는 국회의원

2025년 6월, 국회에서 아주 특별한 행사가 열렸어. 바로 제 5회 대한민국 국회 의정 대상 시상식이었지. 대한민국 국회 의정 대상은 국회의원들이 나라를 위해 얼마나 훌륭하게 일했는지 공정하게 평가해서 주는 상이야. 국민들의 삶에 정말 도움이 되는, 제대로 일하는 국회를 만들려고 2021년에 새로 만들었지.

국회의원들은 우리 국민들이 직접 투표로 뽑은 우리들의 대표야. 서울 여의도에 있는 국회에서 일하지. 국회는 우리나라에서 법을 만들거나 고치는 아주 중요한 일을 하는 곳이야. 국회의원들이 이곳에서 중요한 법들을 의논하고 결정해. 예를 들어, 학교에서 지켜야 할 규칙이나 우리가 버리는 쓰레기를 처리하는 규칙도 이곳에서 정하는 거야.

또 국회의원들은 정부가 나라 살림을 잘하고 있는지 감시하는 역할도 해. 세금은 제대로 쓰이고 있는지, 약속했던 일들은 잘 진행되고 있는지 등을 꼼꼼히 살피는 거야. 잘못된 점이 있다면 고치라고 이야기하고, 더 좋은 방법을 찾아내려고 노력하지.

지역에서 문제가 생기거나, 필요한 것이 있을 때도 국회의원들이 큰 역할을 해. 동네 주민들의 이야기를 듣고, 그 문제를 국회에서 논의하거든. 우리가 낸 소중한 한 표가 모여서 뽑힌 국회의원들은 우리 삶과 아주 가까운 곳부터 나라의 큰일까지 신경 쓰고 있어.

그래서 우리 지역에 어떤 국회의원이 있는지, 그분들이 어떤 일을 하는지 관심을 가지고 지켜봐야 해. 민주주의 국가의 주인으로서 아주 중요한 일이니까.

⭐ 기사에서 인상 깊은 부분에 밑줄을 긋고, 나의 느낌에 O표 하세요.

 좋아요   따뜻해요   화나요   슬퍼요   놀라워요   오, 알겠어요

시사 어휘

국회의원
국민의 뜻을 대표해 법을 만들고 정부를 감시·지원하는 일을 하는 사람.

 **한 문장 요약** 단어를 넣어 문장을 완성해 보세요.

2025년 6월, 국회에서 제5회 대한민국 국회 ㅇㅈ ㄷㅅ 시상식이 열렸다.

 **미니 퀴즈**

- 대한민국 국회 의정 대상은 2021년에 제정되었다. (○, ×)
- 제5회 시상식은 2025년에 열렸다. (○, ×)
- 국민들이 투표로 뽑은 우리 지역의 대표로, 법을 만들고 나라 살림을 감시하는 사람은 누구일까요?

 **핵심어 뽑기** 기사에서 핵심어 3개를 뽑아 보세요.

 미니 논술 우리가 국회의원을 잘 뽑으면 어떤 점이 좋을까요?

세계 7개 나라, 평화와 미래를 위해 만나다

2025년 6월, 세계에서 경제력이 강한 7개 나라가 캐나다에 모였어. 이 모임을 G7 정상회담이라고 불러. G7에는 미국, 영국, 프랑스, 독일, 이탈리아, 캐나다, 일본이 속해 있어. 모두 경제력이 좋고 기술도 뛰어난 나라들이야.

이 회의에서는 이스라엘과 이란 사이의 전쟁 문제를 가장 먼저 다뤘어. 전쟁이 더 커지면 위험하니까, 나라들이 힘을 모아 싸움을 멈추자고 했어. 나라가 공격받았을 때 자기를 지키는 건 당연하다고 말하면서, 두 나라는 지역을 불안하게 만든다고도 했지.

회의에서는 전쟁뿐 아니라 인공지능, 기후변화, 불법 이민 같은 문제도 함께 이야기했어. 나라들이 기술을 잘 활용하는 동시에 지구를 아끼고, 서로 돕기로 했어. AI나 양자기술 같은 어려운 내용도 있었지만, 모두가 협력해야 한다는 점은 같았어.

이번 회의에는 G7 나라가 아닌 인도가 특별히 초대 받아 참석했어. 인도는 캐나다와 의료와 과학기술을 함께 발전시키기로 약속했다고 해. 또 미국과 영국은 자동차와 비행기 부품을 서로 사고팔 수 있는 무역 약속도 했어.

회의는 끝났지만, 아직 해결할 일이 많아. 특히 우크라이나 전쟁에 대해서는 나라들 사이에 의견이 달라서 공동으로 발표문을 내지 못했어. 그래도 세계 문제를 함께 나누고 해결하려는 노력은 계속되고 있어. G7 회의는 나라들이 혼자 결정하지 않고, 함께 고민하고 이야기하려고 모인 중요한 자리였어.

⭐ 기사에서 인상 깊은 부분에 밑줄을 긋고, 나의 느낌에 O표 하세요.

좋아요

따뜻해요

화나요

슬퍼요

놀라워요

오, 알겠어요

시사 어휘

G7 정상회담
세계 주요 7개 나라의 지도자들이 모여 전쟁, 기술, 기후 같은 중요한 문제를 함께 논의하는 회의.

 **한 문장 요약** 단어를 넣어 문장을 완성해 보세요.

G7 ㅈㅅㅎㄷ에서는 전쟁, 기술, 기후 문제를 함께 이야기하며 세계가 협력할 방법을 찾았다.

 **미니 퀴즈**

• G7 정상회담은 매년 같은 장소에서 열린다. (○, ×)
• 이번 G7 회의에서 모든 참가국들이 우크라이나 전쟁에 대한 공동 발표문을 냈다. (○, ×)
• 2025년 G7 정상회담이 열린 나라는 어디인가요?

 **핵심어 뽑기** 기사에서 핵심어 3개를 뽑아 보세요.

미니 논술 세계 정상들이 모였을 때, 가장 먼저 논의해야 할 주제는 무엇일까요?

시민단체, 학교 CCTV 반대

한 지역의 시민단체들이 학교 안에 CCTV를 더 많이 설치하자는 조례안을 없애라고 강하게 요구하고 나섰어. 조례안은 지방자치단체(시, 도, 군, 구 같은 우리 동네 정부)에서 만드는 법을 말해. 학교 안전을 위해 CCTV가 필요하다는 의견과, 학생들의 자유와 사생활을 침해할 수 있다는 의견이 팽팽하게 맞서면서 논쟁이 뜨거워지고 있지.

한편 시민단체는 시민들이 스스로 모여 사회문제를 해결하고 모두의 이익을 위해 일하는 단체야. 정부나 기업을 감시하고 환경, 인권, 복지를 위해 일하며 사회적 약자를 도와.

이 지역 시의회에서는 학교 폭력을 막고 학생들의 안전을 위해 학교에 CCTV를 의무적으로 달게 하는 조례안을 만들려고 했어. 학교에서 사고나 폭력 사건이 발생했을 때 CCTV로 증거를 확보하기 위해서였지. 이렇게 하면 학생들이 위험한 상황에 처하는 걸 미리 막을 수 있을 거라는 생각에서 출발한 거야.

하지만 여러 시민단체들이 이 조례안에 강하게 반대하고 있어. 학교는 학생들이 자유롭게 배우고 생활하는 곳이야. 그런데 곳곳에 CCTV가 설치되면 감시 당하는 느낌을 받을 수 있다는 거야. 사생활이 없어지는 것과 같다고 말해.

또 CCTV를 설치한다고 해서 학교 안전 문제가 저절로 사라지는 건 아니라는 지적도 나왔어. 오히려 학생들과 선생님, 학교 간의 믿음을 깨뜨릴 수 있다고도 해. 학생들에게 인성 교육을 하고 서로 존중하는 분위기를 만드는 것이 더 중요하다는 거지.

⭐ 기사에서 인상 깊은 부분에 밑줄을 긋고, 나의 느낌에 O표 하세요.

 좋아요　 따뜻해요　 화나요　 슬퍼요　 놀라워요　 오, 알겠어요

시사 어휘

시민단체

시민들이 스스로 모여 특정 사회 문제를 해결하고 모두의 이익을 위해 활동하는 비영리 단체.

 **한 문장 요약** 단어를 넣어 문장을 완성해 보세요.

한 지역 ㅅㅁㄷㅊ들이 CCTV 설치 조례안은 학생 사생활을 침해하고 서로 못 믿게 하는 거라며 반대하고 있다.

 **미니 퀴즈**

• 학교 CCTV 조례안은 학생 사생활 보호가 목표이다. (O, ×)

• 시민단체는 돈 버는 게 가장 중요한 단체이다. (O, ×)

• 시민단체가 학교 CCTV 설치에 반대하는 가장 큰 이유는 무엇인가요?

 **핵심어 뽑기** 기사에서 핵심어 3개를 뽑아 보세요.

미니 논술 시민단체가 지역 문제를 위해 할 수 있는 일, 해야 하는 일은 무엇일까요?

정답 **한 문장 요약** 시민단체 **미니 퀴즈** X, X, 사생활 침해, 또는 서로 믿음이 사라짐
핵심어 예시 시민단체, 학교 CCTV, 조례안 등

읽은 기사 중 인상 깊은 하나를 골라 아래의 내용을 채워 보세요.

년   월   일

기사 제목 :

- 어떤 일이 일어났나요?
  (무엇에 대한 기사인가요?)

- 조금 더 자세히
  설명해요.

- 결국 이 기사가 하려는
  이야기는 무엇인가요?

- 흥미롭거나 인상 깊은
  내용은 무엇인가요?

- 기사를 읽고 생각난
  개인적인 경험은
  무엇인가요?

- 기사에 대한
  여러분의 소감 또는
  의견, 생각을 써요.

퀴즈 퀴즈! 시사 어휘

1	소소한 자극에는 반응하지 않고, 팝콘처럼 튀어 오르는 강렬한 자극에만 반응하는 뇌	팝콘 브레인
2	사람이 기르다가 버려서 주인이 없는 동물	유기 동물
3	지하에 빈 공간이 생기거나 약해진 땅이 무너져서 땅이 갑자기 꺼지는 현상	싱크홀
4	나이 드신 할머니, 할아버지가 엄마, 아빠 대신 손주들을 돌보는 것	황혼 육아
5	스팸 문자를 한번에 많은 이에게 보내, 스마트폰에 나쁜 앱을 깔고 돈이나 금품을 빼앗아 가는 것	스미싱
6	사람에게 필요한 도움을 주고 외로움을 덜어 주며, 생활을 편리하게 해 주는 로봇	돌봄 로봇
7	총인구 중 65세 이상 인구 비율이 20% 이상인 사회	초고령사회
8	'텍스트'와 '힙하다'를 합친 말로, SNS에서 독서와 기록을 즐기는 것이 멋지다고 여기는 현상	텍스트힙
9	자신의 나라가 아닌 다른 나라에서 돈을 벌기 위해 일하는 사람	외국인 노동자
10	인류에게 큰 영향을 준 훌륭한 문학 작품을 쓴 작가에게 주는, 세계에서 가장 권위 있는 상	노벨 문학상
11	비싸고 유명한 브랜드 제품과 비슷하지만 훨씬 저렴하게 나온 물건	듀프
12	유튜브에 동영상을 올리고 사람들과 소통하며 수익을 얻는 사람	유튜버
13	다양한 문화적 배경을 가진 사람들을 이해하고 받아들이려는 태도나 능력	다문화 수용성
14	여성이나 소수자가 높은 자리로 올라가지 못하도록 막는, 유리처럼 보이지 않는 천장	유리 천장
15	한 기업이나 조직이 가지고 있는 독특한 가치관, 믿음, 규칙, 행동 양식 등	기업 문화
16	학교에서 학생들 부담을 덜기 위해 먹을거리나 생필품을 천 원에 판매하는 매점	천 원 매점
17	한국(Korea)의 문화(Culture)를 뜻하는 말로, 해외에서 한류가 각광 받으면서 널리 쓰이고 있음	K-컬처
18	얼음 위에서 음악에 맞추어 점프, 회전, 스텝 등을 하며 연기하는 스포츠	피겨스케이팅
19	형태가 없는 문화유산으로, 사람들의 지식, 기술, 전통, 공연, 축제 같은 것	무형유산
20	'노(No) + 줌마(아줌마)'를 합친 말로, 일부 장소에서 중년 여성의 출입을 제한하려는 움직임	노줌마존
21	유럽 여러 나라가 모여 만든 경제와 정치 협력 조직	유럽연합(EU)
22	전 세계 사람들의 건강을 지키기 위해 만들어진 국제 기구	세계보건기구(WHO)
23	우리나라의 소중한 문화유산을 보호하고 관리하는 정부 기관	국가유산청
24	머릿속에 안개가 낀 것처럼 생각이 또렷하지 않고, 집중하기 어렵고, 기억력이 떨어지는 듯한 증상	브레인포그
25	원재료를 여러 번 가공하고 설탕, 소금, 지방, 첨가물 등을 많이 넣어 만든 식품	초가공식품

26	특정 인물이나 브랜드를 열정적으로 좋아하는 팬들이 그 대상과 관련된 상품이나 서비스를 적극적으로 구매하는 현상	팬덤 소비
27	자연유산과 문화유산의 특성을 동시에 갖추고 있는 세계유산	복합유산
28	바닷물의 높이가 점점 높아지는 현상	해수면 상승
29	지구온난화와 기후변화의 심각성을 알리고 환경보호를 위해 전 세계가 한 시간 동안 불을 끄는 캠페인	어스 아워
30	경제학에서 사용되는 개념으로, 식량 및 농산물 가격이 상승하는 것을 이르는 말	식량 인플레이션
31	지구의 평균 기온이 장기적으로 점점 높아지는 현상	지구온난화
32	인류의 활동이 지구의 지질학적 변화에 큰 영향을 미치기 시작한 시기를 나타내기 위해 제안된, 지질학적 시대 이름	인류세
33	원자력발전소의 사용을 줄이거나 완전히 중단하려는 정책이나 움직임	탈원전
34	다회용 컵을 사용할 때 보증금을 내고, 컵을 돌려주면 보증금을 다시 받는 제도	컵 보증금제
35	지구의 자연적인 현상 때문에 사람들에게 피해를 주는 모든 재난	자연재해
36	도시 지역이 시골 지역보다 온도가 더 높게 나타나는 현상	도시 열섬
37	지진이 발생했을 때 건물이 무너지지 않고 지진의 흔들림을 잘 견딜 수 있도록 튼튼하게 짓는 건축 기술	내진 설계
38	달걀 껍데기에 생산 일자, 농장, 사육환경 등의 정보를 표시해, 소비자가 달걀의 생산 과정을 알 수 있도록 한 제도	난각번호제
39	회사가 정해진 양만큼만 탄소를 내뿜도록 허락하는 허가증	탄소 배출권
40	크기가 5mm 이하인 작은 플라스틱 입자	미세플라스틱
41	나라를 대표해서 다른 나라와 관계를 맺고 일을 하는 사람	외교관
42	입소문이나 분위기를 통해 소비자들 사이에 상품이나 서비스가 자연스럽게 퍼져나가도록 만드는 홍보 방식	바이럴 마케팅
43	요즘 인기가 많아서 사람들이 많이 찾아가고 유행에 민감한 사람들이 모이는 장소	핫플레이스
44	사람의 지시 없이 스스로 목표물을 찾아서 공격하고 해치는 인공지능 무기	킬러 로봇
45	사람들이 담배를 피우지 못하게 하거나 덜 피우게 함으로써, 국민 건강을 지키려는 국가의 계획이나 방법	금연 정책
46	유대인에 대해 차별하거나 미워하는 태도와 생각	반유대주의
47	회복될 가망이 없는 환자가 심한 고통을 겪을 때, 그 고통을 덜어 주기 위해 삶을 마치게 하는 의료 행위	안락사
48	나라가 국민을 대상으로 병역의 의무를 강제로 부여하여 일정 기간 군대에 가게 하는 제도	징병제
49	1주일에 4일만 일하고 3일은 쉬는 제도	주 4일제
50	남자 수와 여자 수의 비율이 같지 않고 한쪽으로 치우쳐 있는 것	성비 불균형

51	외국에서 들어오는 물건에 붙는 세금	관세
52	동물들이 고통 없이 편안하고 건강하게 살아가며, 본래의 습성대로 살아갈 수 있도록 보장하는 것	동물 복지
53	상품이나 서비스를 한 번 구입한 뒤, 그것을 다시 다른 사람에게 팔아서 이익을 얻는 사람	리셀러
54	세계 여러 나라들이 서로 관계를 맺고 영향을 주고받는 사회	국제 사회
55	제공된 반찬 중에서 학생이 원하는 메뉴와 양을 스스로 골라 먹는 급식 방식	자율선택급식
56	학생들이 학교생활을 할 때 편하게 입을 수 있도록 만든 교복	생활형 교복
57	우리 몸이 24시간 주기에 맞춰 잠들고 깨는 등 다양한 신체 활동을 규칙적으로 조절하는 몸속 시스템	생체 시계
58	학생이 학교를 떠나 체험 활동에 참여할 때 학교에 제출하는 문서로 장소, 기간 등을 적고 부모 서명과 함께 제출한다.	체험 학습 신청서
59	공공기관이나 공직자에게 개인이나 집단이 자신의 요구나 불편을 해결해 달라고 제기하는 요청	민원
60	우리나라 고등학생들이 대학교에 가기 위해 보는 아주 중요한 시험	수능(수학능력시험)
61	어떤 대상이나 사람에 대해 바뀌지 않는 틀로, 미리 판단하는 생각	고정관념
62	교사의 정당한 교육 활동이나 권리를 침해하거나 방해하는 행위	교권 침해
63	친구들 사이에 폭력 문제가 생겼을 때, 서로 관계를 다시 좋게 만들 수 있도록 충분히 생각할 시간을 주는 제도	관계회복 숙려제
64	공부 잘하는 학교들이 많이 모여 있어서 교육 환경이 좋다고 여겨지는 지역	학군지
65	컴퓨터나 태블릿 등 전자 기기에서 볼 수 있고 동영상·퀴즈 등 다양한 학습을 할 수 있는 전자 교과서	디지털 교과서
66	스마트폰 사용을 스스로 조절하지 못해 일상생활에 어려움을 겪는 상태	스마트폰 중독
67	달에 많이 묻혀 있는 특별한 자원으로 핵융합 발전의 연료로 쓰일 수 있음	헬륨-3
68	더 이상 사용하지 않거나 고장이 나서 버려지는 휴대폰, 컴퓨터, 가전제품 등 모든 종류의 전기 및 전자 제품	전자 폐기물
69	사람이 타지 않고 원격으로 조종되거나 스스로 움직이며, 우주나 행성 등을 탐험하고 자료를 보내오는 장비	무인 탐사선
70	사람의 모습과 행동을 닮게 만든 로봇	휴머노이드
71	1년 중 절반 이상이 얼어붙어 있는 땅으로, 기후변화 때문에 조금씩 줄어들고 있음	영구동토층
72	뇌에서 만들어지는 화학물질로, 즐거움, 보상, 동기 부여, 움직임 등과 관련된 역할을 함	도파민
73	생물이 소리를 내고 듣는 방식, 그리고 이 소리가 어떻게 행동이나 환경과 연결되는지를 연구하는 학문	생체 음향학
74	새로운 기억을 만들고 저장하는 아주 중요한 역할을 하는 뇌 속의 기관	해마
75	달에 착륙하도록 만들어진 우주선	달 착륙선

76	전기 동력을 이용해서 수직으로 뜨고 내릴 수 있는, 주로 도시에서 사람을 태우고 다니는 작은 비행기	전기 비행 택시
77	하버드대학교에서 개발한, 벌처럼 작고 날아다니는 초소형 비행 로봇	로보비
78	인공지능 기술로 사람 얼굴이나 목소리를 진짜처럼 보이게 가짜 영상이나 사진을 만드는 것	딥페이크
79	사람에게 이로운 곤충으로, 해충을 잡아먹는 잠자리, 꽃가루를 옮겨 주는 나비, 꿀벌 따위를 이름	익충
80	나라가 정한, 일하는 사람이 시간당 또는 한 달에 꼭 받아야 할 최소한의 돈	최저임금
81	꼭 필요한 것만 사거나 가진 것을 최소화하는 소비 방식	요노 소비
82	물건을 만들거나 서비스를 제공하고, 그 대가로 돈을 버는 모든 활동	경제활동
83	65세 이상 노인 중 소득·재산이 적은 70%에게 매달 일정 금액을 지급하는 국가 지원 연금	기초 연금
84	어떤 선택을 할 때, 그 선택으로 인해 포기한 다른 선택의 가치나 이익	기회비용
85	직원 없이 손님이 직접 계산하는 방식으로 운영되는 가게	무인점포
86	가격 대비 성능의 줄임말로, 소비자가 낸 돈에 비해서 물건의 성능이나 품질이 주는 만족감	가성비
87	은행에 연결된 카드로, 카드 사용 시 계좌에 있는 금액만큼만 결제할 수 있는 카드	체크카드
88	손님을 끌기 위해 물건 값을 다른 곳보다 훨씬 싸게 파는 경쟁	초저가 경쟁
89	한 나라의 국민이 벌어들인 돈을 모두 합한 것으로, 국내, 해외 소득이 모두 포함됨	국민총소득(GNI)
90	반려동물(Pet)과 경제(Economy)를 합친 말로, 반려동물과 관련된 상품이나 서비스를 통해 생겨나는 모든 경제 활동	펫코노미
91	복잡한 조리 과정 없이 데우거나 바로 먹을 수 있도록 미리 만들어진 음식	간편식
92	한 나라가 얼마나 잘 살고, 기업들이 활동하기 좋으며, 국민들이 풍요로운 삶을 누릴 수 있는지를 보여 주는 힘	국가 경쟁력
93	일할 때 매달 조금씩 돈을 내고, 나이가 들어 일을 못하게 되었을 때 나라에서 매달 받는 돈	국민연금
94	국민이 주인이 되어 권력을 가지고, 그 권력을 스스로 행사하거나 선출된 대표를 통해 행사하는 정치 체제	민주주의
95	국민이 투표를 통해 대표를 직접 뽑는 방식	직선제
96	주민들이 직접 선출한 대표들을 통해 지역의 일을 스스로 결정하고 운영하는 제도	지방자치제도
97	나라가 만든 법 때문에 소중한 권리를 침해당했다고 생각할 때, 헌법재판소에 도와달라고 요청하는 일	헌법 소원
98	국민의 뜻을 대표해 법을 만들고 정부를 감시·지원하는 일을 하는 사람	국회의원
99	세계 주요 7개 나라의 지도자들이 모여 전쟁, 기술, 기후 같은 중요한 문제를 함께 논의하는 회의	G7 정상회담
100	시민들이 스스로 모여 특정 사회 문제를 해결하고 모두의 이익을 위해 활동하는 비영리 단체	시민단체